為什麼我們老是搞砸想做的事

STOP SELF-SABOTAGE

Six Steps to Unlock Your True Motivation, Harness Your Willpower, and Get Out of Your Own Way

如何繞過心理阻礙，獲得真正想要的人生

脫離那些阻礙我們的人與事，開始為自己的最佳利益打算。

何可晴博士

JUDY HO, PHD——著

序：為什麼你會對自己做出這種事？

你是否曾經：訂好目標要減肥、要儲蓄、要換工作、要尋覓美滿感情，但自己的行為卻與目標背道而馳，最後期望落空？

你是否曾經：畏懼與人建立親近的關係？你是否很想與人拉近關係，卻因為自己沒有安全感、太黏人，最後把對方嚇跑？你是否曾因為理財不善而陷入困境？因為自己不努力導致事業無法更上層樓？

還是說，你是否曾經：明明有比較健康的食品可選，還是忍不住挑了甜膩的餅乾？本來只是工作到一半暫時休息，結果沉迷劇集而看到兩眼昏花，最後該做的事情進度落後？

以上任何一種狀況，要是你覺得很熟悉，那就代表你已經陷入「自毀」（self-sabotage）的惡性循環了。**所謂自我毀壞，簡單來說就是做出一些有害自身最佳利益的行為，或是抱持著對自身利益有害的想法**。你可能曾經想過：「我永遠沒辦法（做到某事）……」然後連試都不試就直接放棄。這就是自我毀壞。或者，老是做些對自己有害的事，譬如明知健康生活很重要，卻還是吞掉大半個蛋糕。這又是個自毀的實例。

「自毀」這個詞大家都常說，自毀的行為也常出現在親朋好友的行為中。即使如此，許多人還是在不知不覺中允許那種打擊自我信心、阻礙我們行動的負面思想滲透到生活裡。**人往往沒有意識到自己正在自毀，所以當下無法覺察自己行為的後果**，無法理解為什麼自己會做出阻礙自己的動作。

這些自我打擊的行為不易辨識，更糟的是這些行為偏偏喜歡挑在你壓力如山大、心情谷底、事情快要應付不來的時刻才出現。就連頂尖成功人士也無法免除某些自毀行為，例如有人婚姻事業兩得意，但怎麼樣就是無法維持運動習慣，或是平常社交順利且身旁不乏條件優秀的人，挑伴侶時卻總是遇人不淑。

長期下來，自毀的行為會重挫你的幹勁和內心驅動力。人若是追求目標多次失敗卻找不出原因，就會灰心喪志，最終停止嘗試。漸漸地，你的夢想黯淡了，不滿意的現狀你也屈就了，要如何真正改善自己你也沒想法了。自毀行徑會讓你失去許多機會，再也不能讓生活步上正軌。

要是不理解自毀機制是什麼，你可能會猛吃蛋糕，或在重要會議前一天還跑到外面玩到很晚——這些行為非但沒有幫你朝目標邁進，更會讓你距離目標愈來愈遠。你可能會嫉妒他人的成就，自己卻沒有奮發向上的意志；你可能會把自己的不幸怪罪到運氣不好；或更糟的是，你認為都是因為自己有缺陷，所以才跟成功和快樂無緣。你明明已經察覺自己的自毀行為，但沒去管它，只是嘆一口氣就作罷，然後照樣過日子。或許，你內心深處早就認定自己無法掌控這個問題。

要是以上情形聽起來很耳熟，告訴你一個好消息：從今天起，你可以改寫命運。我會告訴你：如何揪出各種讓你步上自毀之路的問題，如何翻轉思考的方式，如何改變行為，以求跳脫生活中的自毀惡性循環。許多人因為看不透問題在哪而來向我求助，結果發現核心問題就是「自毀習性」。一旦搞懂自己長期以來是如何阻礙自我取得最佳利益，那就能鬆了一口氣，接著開始找方法來建立全新的大腦迴路，朝著目標前進。我會教導你如何釐清自己的渴求、如何全力發展對你來說最重要的價值、如何創造出能成功的具體計畫。最終，你將學到如何停止自毀，並且在生活中實踐你一直想要的長期、正向的改變。

我之所以寫這本書，就是因為想要把「自毀」這件事說清楚，幫助大家活出最棒的自己，在事業上有成，在感情上圓滿順利，生活得更健康；我想傳授一套誰都會的方法，好讓人追求使我們快樂和滿足的事物，追求自己認定的「最佳」生活。無論是科學研究，還是我多年來的個案及與親友和同事討論的經驗，在在證實了「自毀習性非常普遍」這個事實。許多人因為自毀而陷入困境，包含不良習慣、負面思維、目標游移。我看過有些人一直卡在老毛病裡，導致自信心下滑、自尊受打擊，甚至進入長期的悲傷和焦慮情緒。我想要幫助人理解自毀、破除循環、體驗成功，讓他們再度相信自己，知道自己有能力達成目標。

我依據近幾年的學術研究和臨床經驗成果，開發出一套由六個步驟組成的停止自毀計劃，就是本書的內容。這套計劃很科學，有不少實用的工具，已經幫助了數百名客戶減重、停止拖延、規律運動、情場順利、事業成功等等，最終生活的更好。每個步驟都包含實證有效的技巧，可以用來辨識出自己有哪些自毀行為，有哪些自我打擊的想法。有了這樣的知識，當你再度出現自毀行為或思想的時候，就可以立即處理，還可以達成長期的自我成長，降低未來再度出現自我毀壞行為的可能性。這套做法對我的個案很有用，稍後我也會進一步介紹一些例子。相信你採用這套計劃也一定能取得成效。

練習活動說明

自毀習性不是一夕之間就發生的，重新訓練腦袋將它導回正軌也需要時間。所以本書各個章節裡面穿插了許多練習活動，讓你細細審視自己的想法和行為，並且透過這些練習重新調整狀態，從此擺脫自毀的問題。

本書的每個篇章都是連貫的，所以要按照順序走。每個篇章裡的練習有些可以很快完成，有些需要加以思考，請仔細想想之後再回答。所有的練習都希望你試試，有些乍看之下有點奇怪，或太簡單、太難、不合邏輯。但已有很多使用者反應，真正練習之後發現這些技巧非常有用。不過，要是有些練習無法引起你的共鳴，也不用擔心。每個人的需求、目標、主要的自毀觸發因子、人格特質都不相同，所以各項練習的效果不同，這也很正常。不過還是要試試才知道，所以好好從頭到尾完成練習吧。說不定，你原本最不想做的，反而發揮了重大作用。許多的練習還可以隨時操作，不限於閱讀這本書的時候練習而已，而是能真正落實到生活當中。

要是發現自己又墮入自毀循環，有些練習活動能夠救急。我準備了一些能在當下停止自毀的工具，並且列出一個表單（見附錄二），裡面的技能會在書中稍後介紹。要是你又覺得自己即將掉進自毀循環的陷阱，需要能快速見效的療法，這個表單就是應急大全。

每個篇章的末尾，固定安排三類練習：小撇步作業（十分鐘可完成）、短版作業（在接下來的二十四小時中持續進行），還有深度作業（在接下來的一週持續進行）。這些活動按照先後次序排列，所以要依序做完，再進到下一項。

閱讀本書時，你可能忍不住想要盡快找到答案，這很正常，因為想早點擺脫自毀問題嘛。但也別忘了，我們不是在比速度。請好好花時間，完整吸收資訊，找出在生活中運用的方法。維持穩定的步伐，別急著完成某個步驟或練習。比較好的做法是用自己的步調進行，仔細閱讀書中的資訊，把技巧練到順暢後再往前進。你愈投入每一項任務，本書這六個步驟的計劃就愈能發揮良好效果。也就是說，好好下功夫，必要時複習前面的步驟，定期複習課程中的所有步驟。

這和運動很像，不可能上一次健身房就想要一輩子有好身材，還是要規律運動才行。本書也是同樣道理。你的心喜歡採用舊的規律和習慣，但只要不斷練習就可以重新訓練你的心來告別舊習慣，採用健全的新習慣。長期下來，你會更有毅力去避免自毀思維與行為，讓你穩穩朝目標前進。

還有一件事：我不怕被笑老古板，我大力提倡用紙和筆來寫日誌，記錄你的進展。研究顯示，[1]比起用鍵盤打字，手寫更能提升人的學習和記憶力。寫字的速度比打鍵盤慢，但慢下來可以讓大腦更專注處理資訊，一面寫一面整理出重點。用手寫的方式處理資訊，就能加強當下的學習和記憶，日後複習的時候也會更快喚回記憶。

由衷希望這本書可以使你產生改變，無論遇到什麼困境都有能力在生活中做出持久改變。只要你全神學習書中的六步驟，就能學會各項有用的工具，停止自我阻礙，過著充滿意義且令人滿意的生活。你要的資源就在這裡，我相信你一定辦得到！

這就開始吧。

目次

前言

「自我毀壞」是人的天性

在生活中，我們都有想要的東西，像是減掉惱人的那圈肥肉、拿下眼前的升職機會、跟心儀的對象約會、度個夢幻假期等。我們設立了一心嚮往的目標，在腦海中一遍又一遍重複預演，或是把這件事掛在嘴上一直說一直說。我們把目標寫在便利貼、待辦清單、行事曆上面，甚至精心挑選了一張搭配圖像，貼在願景板、浴室鏡面或是冰箱門上面來激勵自己。我們和親友分享這個目標，大聲宣布今年就要實現目標了，還請他們幫忙督促自己。那麼，到底為什麼我們老是阻止自己達成目標？為了要瞭解自毀習性的起因，我們得先瞭解一些人類行為的基本概念。

貝絲是位幹練的律師，在一家著名的事務所任職。她太清楚自毀循環了。職場上的她精明能幹，總是準時達成任務，搞定複雜的案件。她家裡裝潢得十分美觀，和老公也很恩愛，今年就要慶祝結婚十六週年了。

儘管看似一切順利，但她永遠沒辦法控制好體重。自從我認識貝絲以來，就知道她的飲食控制像溜溜球，一年之內體重上下波動幅度可達十幾公斤。她試過一大堆飲食法和運動計劃，效果都不持久。雖然她不管胖瘦都很好看，但醫生警告她很多次了，從她的家族病史和驗血報告來看，再這樣下去會得到重度糖尿病。她知道事態嚴重，但每年回診時她只能在診間怯懦地重複這次減重又失敗的藉口。

一定有哪裡出錯了。畢竟她是那種「只要有心就沒有辦不到的事」的類型，但在體重管理方面，她就是活生生的典型自毀案例。

為什麼像貝絲這樣的人，或者你，會一直搞砸自己想做的事呢？說了你可能會驚訝：人類自毀的習性，其實深深嵌入人類的本質內。自毀是一種讓人類這個物種可以活下去的方法，從遠古以來就很普遍，跟演化上的適應有關。要瞭解自毀習性和人類生存之間的緊密關聯，我們要先來看看兩個支撐著人類生存的簡單原理：獲得獎賞，避開威脅。

尋求獎賞

每當我們做出了某個讓身體滿意、對社交有益的事，大腦就會釋放出一種讓人感覺良好的化學物質「多巴胺」，當作一種酬償。釋放出這個化學物質後，會讓我們一直想要重複同樣的行為，以便得到更多這種正能量的感覺。研究顯示，人在吃東西、進行床事、打電動和擁抱時，腦內多巴胺量會升高[1]。一旦我們得到獎賞，多巴胺就會繼續湧出，甚至還會飆升，讓人將來更想再次做出能獲得獎賞的行為來得到同樣的好處。基本上，獎賞是正向的物品、事件或經歷，能產生愉悅或正面的情緒體驗[2]。人類物種的生存，有很大一部分仰賴的就是要盡可能爭取獎賞，所以人生來大腦就會尋求獎賞，而且愈頻繁獲得獎賞愈好，這沒什麼好奇怪的。

上述的機制還受到神經傳導物質（neurotransmitter）的加持。神經傳導物質是一種化學物質，負責在神經細胞之間傳遞訊號。大腦會用神經傳導物質來執行多種任務，像是叫心臟要跳動、叫你專心，甚至能讓你墜入愛河！神經傳導物質當中的多巴胺又被稱為「快樂化學物質」，這對我們的獎賞機制很重要。腦中釋放多巴胺來對獎賞起反應時，能提升人感到的快樂、愉悅和安康程度。

獎賞又可區分為主要獎賞和次要獎賞。前者是生存所需，像是食物和性刺激，後者則是讓人類追求「受到社會重視的價值」，像是金錢或權勢，帶來的舒暢效果可以直接觀測或察覺到，例如獲得次要獎賞的人所展現出的社會、情緒表現，又例如自己獲得次要獎賞時的無比暢快感。一旦把次要獎賞的價值內化，它就會像生理上的獎賞一樣，給人極大的動力想要一再體驗。以上兩類型的獎賞都對身心健康很重要，而且帶給人類大腦同等的享受。

有趣的是，多巴胺並不是只有在「實際去做與獎賞有關的事」才會分泌。大腦只要偵測到「潛在」獎賞，也會怒放一波多巴胺。例如在派對上看到心儀的對象，或是經過自己喜愛的烘焙坊時聞到美味餅乾的香氣，多巴胺都能促使人「快去享受吧」，鼓動我們去約對方，去買餅乾。多巴胺還能幫助我們增強記憶，下次再遇到潛在獎賞出現的時候，我們就會想辦法再次追逐酬償。在獎勵品出現的前、中、後，多巴胺都會大量分泌，鼓勵我們一次又一次獲得酬償。

可見，從生物學的原理來看，**人本來就有個基本預設：去爭取目標，因為達成目標讓人感覺良好**。這種多巴胺激增能促使人重複做出某個行為。問題在於，大腦的生物化學機制不見得能區分「**朝目標邁進的暢快刺激**」還是「**因為避免了威脅而有的舒坦感受**」。此時自毀循環就開始跑出來作亂了。

避開威脅

「學會避開危險」是人類和動物都需要的基本生存技巧。我們成長的過程中會把這項能力練得更純熟，學會如何預測威脅，發展出各種技能去面對各種威脅。當我們碰到了要避免危險的時刻，像是遇到鯊魚、工作績效得到負評、被心儀的對象拒絕等，恐懼就會出現。恐懼讓人做好「戰或逃」的準備，壓低身體重心來保護自己。要是沒有恐懼感的刺激，我們可能就不會採取必要行動來求生存。

科學家發現，人腦中有些生理結構會啟動生存技能，這也證明了這些能力是深植於人的本性當中。腦內有個結構稱作「視丘」，能偵測到危險的存在，而「杏仁核」則會啟動恐懼反應[3]，這時就會觸發共感神經系統（sympathetic nervous system），迅速預備好身心狀況來採取防衛行動。

人類演化出三種處理威脅的策略，前兩種「戰」與「逃」你可能已經聽過了。若我們判定自己有能力擊退造成威脅的人事物，就會選擇戰鬥。要是覺得沒辦法克服威脅，預設的回應方式就是逃跑，盡量躲得遠遠的。但面對恐懼時還有一種回應，大家比較少聽過，叫作「僵住」：要是威脅大到超過了你的負荷能力而無法採取任何行動，你就會在現場呆掉。有些動物乾脆裝死，停止抵抗，希望讓攻擊的掠食者失去了獵殺的興致，這就是所謂的「假死／假寐狀態」（play possum）。

不過，動物只擔心生理上的存亡，人類卻還要顧及心理的安康。事實上，不管是生理上還是心理上的威脅，同樣會觸發戰或逃反應。對於人類來說，「僵持」能讓你暫時麻木，不去感受心理上的不適，並且在情緒上與外界疏離，目的是要減輕傷害。「僵持反應」解釋了為什麼我們有時感到不滿，卻沒有起身改變現狀，例如不願離開累死人的工作，或是沒有快刀斬亂麻終結一段早就沒救的感情。

恐懼感不單會在真正有威脅時出現，光是回想起過去發生的可怕事情，就足以讓人體驗到恐懼感。或者，只要內心認定某件事情對我有威脅（哪怕它根本無害），也會感到恐懼，例如有人會怕小兔子或棉花團——華生醫生（John B. Watson）已在一系列劃時代的研究裡發現這些狀況[4]。我們的腦部特別關注含有恐懼成分的記憶，目的就是要我們能快速、有效學習，以利存活。研究顯示，比起平淡的日常生活，我們對那些涉及恐懼的事件，會有更強烈且逼真的記憶。想看看，以下哪種記憶比較清晰，是每天早上照常開車去上班？還是多年前開車差點撞倒推娃娃車過馬路的人？牽涉到恐懼反應的事件，會讓皮質醇（cortisol，又名壓力荷爾蒙）變得特別活躍[5]。皮質醇告知腦部要提高注意力，做好行動的準備，以便順利逃生，同時也增強對這次事件的記憶，日後碰到類似事件就能用最快速度來自我保護。

可見含有恐懼感的記憶，加上先前處理該次焦慮事件的有效對策，會比其他類型的記憶容易喚起。這種「加速喚起記憶」的大腦功能很有效，目的是為了讓大腦快速回應潛在威脅，可是這樣的設計也會讓人比較容易記住壞事、少記住好事，而且只會想起自己以往犯下的錯誤，最後使得我們不斷用心中的負面想法來自我打擊，老想著「如果當初這樣這樣就好了」，或者老是想要避免潛在的威脅，因為不知道自己有沒有辦法處理。每次碰到新的事件，就印證了我們對於潛在威脅的看法。久而久之這種潛在威脅的資料庫愈來愈龐大，對於潛在威脅的恐懼甚至大到會讓我們無法前進，卡在熟悉的現狀之下，卻不願尋求改善生活的新機會。

尋求獎賞和避免威脅是綁在一起的，沒辦法分開運作，而且大腦會不斷在這兩股力量之間尋求平衡。要是能拿捏得好，一切都會很順利，讓我們覺得自在，身心都安康。要是尋求獎賞和避免威脅這兩種慾求失去了平衡，我們就容易陷入自毀循環。特別是當我們為了要避免威脅，不惜犧牲獎賞的時候，更會讓我們遠離渴求的目標。**自毀之所以會發生，就是因為想降低威脅的意念強過要獲得獎賞的意念**，而且這一切都牽涉到「趨避衝突（approach-avoidance conflict）」。

趨近與退避

尋求獎賞和避免威脅這兩道過程，緊緊連結到「趨避衝突」這件事。趨避衝突是由心理學家庫爾特・勒溫（Kurt Lewin）於一九三五年首度提出的理論[6]。他認為，要是一項目標同時具有正負兩面的後果，讓人既想追求又不想要追求，就會引發內心衝突。舉例來說，到國外從事夢幻的工作、跑馬拉松、斬斷差勁的感情關係等目標，都是有優點也有缺點。若你努力求取的事物同時具備好與壞的要素，你可能一開始會強烈的想要去追求（趨近），接著你的動機和投入的心力愈來愈弱（退避），或是一下想要追求，一下又想逃避。

很多人都曾有過趨避衝突的經驗。一開始的追逐讓人沉醉，一開始為自己設立遠大目標時，真是充滿了期待！你自己或認識的人一定都設立過新年新希望，簽了一年份的健身房會籍，熱血決定每週去練五次以上，消滅身上多餘的九公斤肥肉，整個人充滿了堅強意志，想到健康新生活整個人就覺得愉快。

隨著時間過去，心裡漸漸出現了一些阻礙，澆熄了當初的熱忱。你可能發現還要投入更多時間和資源才行，你可能會發現自己努力不夠；或者，你發現為了要達成這個目標，會產生新的、沉重的責任。剛開始的樂趣和興奮感消退，現在開始要去面對無奈的現實。於是突然之間你開始找一大堆藉口，或者乾脆把舊目標拋到一旁，換個新目標。

現在回頭來看新年減肥願望的例子。距離目標還剩下兩公斤的時候，你可能就不太上健身房了，因為每星期要練這麼多次，實在太難維持了，而且剛開始的成效快速出現，現在進入緩慢的撞牆期。要減掉最後這兩公斤，必須要再多做一些犧牲，像是完全禁絕甜點。光想就讓人覺得沮喪。你開始質疑這一切一切的付出是否值得，開始跟自己說有更重要的事要顧，實在無法每天抽出一小時健身。於是你決定，最後沒減下來的那兩公斤就算了，停止吧，認命吧。問題是你並沒有接受這個現實。每次只要看到皮夾裡那張都沒在用的健身房會員卡，或是試穿衣服覺得不太合身，就會想到自己半途而廢的失敗減肥計劃。你不敢踏進常逛的服飾店，也把沒用到的會員證塞到皮夾最底層，以免又勾起那些不愉快的念頭。

我們可以把追求目標的「趨近狀態」想作是大腦想要尋求酬償的部分，而「退避狀態」則是腦中不顧一切想要逃開威脅的部分。我們在追求目標時，有時可以衝破不適感來達成目標，但有時避免威脅的力道會強過尋求獎賞的渴求，因此就會出現自毀現象。這是源自於千百年來的生物演化機制。對古早的祖先來說，預測且避免任何威脅，是多存活一天的重要能力，因此人類心智會最優先考慮危險的趨避。[7]

到了現代，我們常會為了要躲避威脅（像是被拒絕、不適感、壓力、悲傷或焦慮）而導致自己無法有進展。可是，這些事情其實根本也死不了。譬如，我們很害怕面對公眾發表演說，因為會有被批評和嘲笑的風險。可是就算心跳加速、手心冒汗，對生命造成的風險也不像被老虎追逐那麼嚴重，只是我們的心智還是會依照史前時代的本性，想盡辦法避免威脅。

造成自毀的四大底層因素LIFE

我們為什麼會高估外在威脅，導致無法繼續朝目標前進？答案是人人都無法避免的四個底層問題，可以用四個英文字母來代表。根據我的研究，加上幫助個案的經驗，我發現這四個因素會使得我們一方面想要追求自己的目標，一方面又會因感到威脅而停頓下來（事實上這些威脅對我們是無害的）：

L：自我概念的低落或不堅定（Low or Shaky Self-Concept）

I：內化的信念（Internalized Beliefs）

F：對於改變或未知事物的恐懼（Fear of Change or the Unknown）

E：太過度的控制欲（Excessive Need for Control）

這四項底層因素反映出你的個性和處事風格，它們可以比喻為是你的作業系統，支撐著你的信念和行為。人通常是在年紀還很小的時候就習得了這四個要素，一輩子跟著我們，所以常常不自覺它們的存在。只要多多觀察這四項因素，就更能知道它們如何操縱著你的決策、你的自我形象、實際行為，以及你在特定情境下的感受。另外，你還會知道它們為什麼會導致你的自毀。學習辨識這些要素，能讓你提早知悉它們什麼時候會誘使你高估眼前的威脅，而展開自毀循環。

閱讀以下敘述時，一面試著找出是四大底層因素LIFE當中的哪幾個，正在助長你的自毀傾向。這四大因素有些會比較貼近你的情況，有些則離你較遠。也有可能某些因素在你生活的某方面影響較多，對別的方面則不然。舉例來說，每當你有離職念頭時，

「對於改變或未知事物的畏懼」就會浮現，但你卻喜歡在度假時擁抱改變或未知事物。

自我概念低落或不堅定

「自我概念」指的是你的自我形象以及對自己的定義。社會心理學家羅伊・鮑梅斯特（Roy Baumeister）將自我概念描述為「個人對一己的認定想法，包含個人特質和『自我』所蘊含的身分和意涵。[8]」這個觀念也包含你認知到自己與他人不同，自己是獨立的個體，擁有獨特的人格特質。其中有些人格特質和你賦予自己多少自身價值（自尊或自我價值感）、對自己的觀感（自我形象）、你希望能成為的模樣（理想自我）等有關。[9]人不只有單一一種自我感，而是有好幾個面向的自我認同，且對每個面向的信心程度也不一樣。

自我概念是由很多元素所構成的，且經常與社會角色相關。這些角色對整體的自我概念的影響，取決於你自己多看重這些角色，還有自認是否充分扮演好這些角色。舉例來說，你的自我概念包含企業家、父母、朋友、夥伴、運動員、引導者和家庭煮夫煮婦等多重角色。在判定這些角色的順序時，你衡量的依據可能是各角色對個人身分的影響程度，還有你想擁護的事，而每項角色都和自尊高低有關（譬如，你可能自認是稱職的家長，但對自己的運動實力不太確定）。人會依照自己對生活各面向的滿意程度，來判定我到底是符合或遠離「理想自我」，而這又會決定人的整體自我形象。你的理想自我就是你自認最好的樣態，源自於人生一路走來所習得的經驗，且通常就是你依據各種自我概念來努力成為的樣子。愈是接近理想自我，生活滿意度通常愈高。

擁有堅定的自我概念，就會對自己抱持正面觀感，相信自己符合「理想自我」（或至少有機會達成理想自我）。此時就會相信自己有能力完成目標，對工作、生活和感情抱持樂觀態度，也不擔心外人怎麼看自己，因為我們對自己的樣子有踏實感受。但若是自我概念低落或不堅定，就會覺得自己的「理想自我」只不過是種妄想罷了，於是就缺乏信心去達成目標，老是覺得自己不會碰到什麼好事，而且經常都需要仰賴外在的境遇和事件（例如工作獲得上司讚許）來決定自己的形象。此時的我們，甚至還會覺得自己沒資格擁有美好的事物。

當一個人的自我概念低落，就會讓自毀有機會作亂。要是你對生活中的大部份面向都覺得滿意，唯獨覺得自己沒有運動細胞，那你可能就無法持續每週運動五次或者去跑個馬拉松。又或者，你整體的自我概念都很低落，那麼你的整體生活，包括工作、感情、健康生活習慣等都會受到自毀的攻擊。要是自毀同時衝擊到生活的多個方面，可能會更令人氣餒，不知如何控制。然後，你愈是經常做出自我毀壞的行為，愈容易使得低落或不堅定的自我概念更加生根，感覺就像是自己挖坑跳而爬不出來。低落或是不堅定的自我概念會加深自毀問題，開啟產生惡性循環。

內化的信念

學習理論（關於人獲取知識的原理）告訴我們，人的學習高度仰賴替代式制約（vicarious conditioning），也就是觀察他人行為[10]。小嬰孩就像是白紙一張，還搞不清楚這個世界是怎麼回事，而每個事件都是個好機會，能夠把資訊內化，以便在未來應用到其他類似的情境。透過這樣的漸進式學習過程，我們漸漸在認知和社交上變得成熟，瞭解每天該怎麼做才對。

我們小的時候，負責照顧我們的大人會強烈影響我們的信念。比起其他大人，我們會更輕易習取他們的信念、態度和行為。所以說，要是你以前常看到媽媽很緊張，一直告誡你這個世界很危險（過馬路要小心！不要打籃球，會受傷！），那你就更有可能會認定這個世界充滿危險。我不是說這種信念沒有用，為了生存當然要小心一點，但如果過度強調危險，將會使得你對潛在威脅的關注（或者想要避免威脅的意願），高過於要獲得獎賞的意念和動機。

例如你小時候很想到遊樂場和小朋友一起玩，但是你媽很擔心怕你受傷，所以不讓你和他們玩；而你小時候也常看到媽媽在其他的情境下緊張兮兮的。等你長大後，看待世界的觀點也會變得跟你媽一樣，覺得萬事都要小心，或乾脆不要去做。現在你已經成年了，朋友很起勁規劃著要去滑雪，但你只想到跌斷腿、失溫、出糗等滑雪意外。最後，你決定不要去好了，或是參加了卻坐在休息區，眼巴巴看朋友們玩得很開心，心想著要是自己勇敢點就好了。

我們可能會把各式各樣的信念內化，但不盡然都是從替代式學習而來，也可能是其他人曾告訴你哪些事情不要去做，這叫作「透過負面口語資訊的學習」。譬如你小時候父母、老師或深深影響你的長輩很愛批判，於是你慢慢認定自己什麼事都做不好。或許他們出自善意（你這樣的表現還不夠，我要你做到最棒！），但要是常聽別人說自己表現不好，或是付出努力卻一直受批評，尤其是自己真的覺得已經盡力了，那麼就會懷疑自己是不是真的不行。**總有一天，那個大人批判你的聲音，會變成你批判自己的聲音**。

這種負面的內在聲音會加深自毀現象，因為你既然開始懷疑自己的能力，就可能停止追求目標，或是做到一半放棄。從內在信念所衍生的負面自我對話，就是自我毀壞的一大來源。要是你覺得努力也沒用（因為自認能耐不足），可能乾脆就不要努力了。譬如，你想要找個新工作，也看到了感覺不錯的機會，但你對自己的面試能力沒有把握，於是就連申請都沒去申請，讓機會白白溜走。你因為缺乏自尊，無法承受面試及可能的面試失敗，於是乾脆不去爭取。又或者，你因為缺乏堅定的自我概念，讓你無法堅持追求目標，例如雖然去了面試，當對方索取進一步資訊時你又遲遲不交，因為怕弄出來的東西不夠好。在腦海中持續浮出的負面想法，讓你覺得還是逃避比較好——甚至連潛在的獎賞也沒辦法鼓勵你堅持下去，因為當下只覺得避開威脅比較重要。

畏懼改變或未知事物

人是習慣的俘虜。慣例和熟悉感能讓我們心裡感到舒服，人的心智喜歡重複的事務，因為這樣會讓我們感到心安[11]。我們的心智可說是一個「認知吝嗇鬼」，這個詞最初是由蘇珊・費斯克（Susan Fiske）和雪莉・泰勒（Shelley Taylor）兩名博士所創的[12]，用來解釋心智很不想費力、很喜歡用盡量簡單的方式來思考和解決問題。腦袋跟身體一樣，也會疲勞和倦怠。若頭腦裡塞了太多資訊，頭腦就會變得很混亂，會衝動行事，要不然就是過度負載而崩潰。因此，我們的大腦隨時都在尋找前例當成捷徑，這樣才能在重大衝突或問題出現時，有餘裕可以應付。

新事件出現時，心智會把它解讀成一種壓力源。大腦碰到新的情境或工作時，會採用「刻意的、有意識的」問題解決模式，而不是像刷牙或上班通勤時的自動運轉模式。大腦最怕的就是重大、突然的改變，或是同時出現太多項改變，而當新的挑戰所帶來的壓力太大，超過了我們平常熟悉的舒適範圍，你可能會選擇留在原地，繼續用過去的方法來回應新挑戰。就算熟悉的選項（待在不滿意的職位上）明明就比陌生的挑戰（重新找工作）更糟，你依舊不會採取行動，因為熟悉的事物會給你某種安全感。就算是惡魔，好歹也是認識的惡魔比較好吧！

如果大腦負荷過重，裝滿了新資訊（亦即有威脅性的資訊），就可能做出不合理的事。你的心智做出錯誤的判斷：眼前的問題你已經學會怎麼處理了，所以不必選擇可能有益的改變。大腦還以為這樣是在保護你，要你不必沒事找事。

心理上的威脅感，常常會伴隨著「對改變或未知事物的恐懼」。這種威脅感若沒有善加處理，就會開啟自毀循環。而此時我們得花點心思才能辨識出這個自毀的源頭，因為在這種情況下通常一切看似正常，我並沒有主動做出阻礙自己達成目標的動作。但只要看穿它的真實模樣，你就能夠挑戰自我，加以克服，進而改善生活。

太過度的控制欲

相信自己有能力掌控環境並產出想要的成果，這種想法對人的幸福很重要。學者向來認定，「感知到自己能控制」對於心理和生理層面都有其必要[13]。對於控制的需求不是後天習得，而是天生就有，受到生物本性所驅使。從演化來看，若我們能掌控環境，那麼生存的機會就高許多。要是能預期即將發生的事，我們就可以知道一切安好而放心，或是知道危機將近而開始預先規劃找出對策來加以避免。

當然，我們無法控制生活中的每一個層面，想要這麼做只會把自己逼瘋。但是，人的本性就是想要「感知到」自己能掌握身旁發生的狀況。因此，關鍵在於「心中認定」我們可以主宰環境，因為這給人一種慰藉（和信念），知道我們可以掌控發生在自己身上的好事，也有能力預防可能遭逢的壞事。

「有能力控制」是件很棒的事情，但要是太想要控制，那麼好事也會變壞事。如果你太執著於掌控感，則這個演化來的控制欲機制將會阻擋你達成目標。如果想隨時都要看見終點，隨時看清自己走出的每一步，且還沒跨出第一步就要能夠看清未來全局，這種需求會造成無法邁步向前走，或者會造成半途而廢——因為對於外部環境的控制欲太過強烈，造成了極大的壓力，使得任何的未知事物都足以使你崩潰。此時唯一的解決辦法就是停止一切，重新返回到你感覺能完全掌控的事情。所以，與其參加好朋友幫你安排的撮合聚會（這真的很難掌控！），你寧可待在家裡整理書架。這種控制欲會讓人無法把握新機會，破壞了自己的好事。

想知道自己是否控制欲過度，可以自問幾個簡單的問題：你的人際關係受到控制欲的影響嗎？你會因為害怕失控而對小事反應過度嗎？你會因為自己的控制慾而在職場上捲入不必要的衝突嗎？你對掌控感的堅持是否讓你難以享受無法預料的活動和事件？要是上面任何一題的答案是「對」，建議你要多注意。

介紹了造成自毀的四大底層LIFE因素之後，你可能已經直覺感受到哪項因素會讓你形成自毀傾向，但最好還是要更加仔細地全面觀察，看看是哪項因素最符合你的狀況。請注意，我們多多少少都會受到這些因素影響，每個因素帶給我們的困擾程度不同，建議還是要搞清楚每項因素在生活中所占的確切程度。別忘了，光是「覺察」就足以帶來正向的改變，所以我們才這麼詳細介紹這四個因素，希望讓你意識到問題在哪裡，接下來的段落就可以幫助你直接處理問題，終止自毀的循環。

請做以下的小測驗，看看四大底層LIFE因素對你的影響。

練習：哪一項底層因素LIFE對你的自毀行為影響最大？

以下的描述，有哪些是大致符合你的情況？要坦白喔，反正答案不用給別人看。若符合自己的情況，就請在「屬實」欄打勾。

	描述	屬實？
A	你對自己的評價好壞常常仰賴情境因素（例如，旁人對你說的話、旁人對你的回應，或是體重計上的數字）。	
A	你的自我價值感奠基於達成的成就，或是服務他人的表現。	
A	快問快答！列出五項你喜歡自己之處。要是覺得有點困難或沒辦法在三十秒內完成，就要打勾。	
A	成年後，你有時會懷疑自己的身分認同感，懷疑自己是誰，或是質疑你自己所秉持的立場。	

	描述	屬實？
A	看見他人友好的表現，你會暗中懷疑自己可能做不到。	
B	你小時候，有人用言語或行為告訴你世界很可怕，冒險很危險。	
B	你小時候，有一位對你很重要的成年人常常無法達成他為自己設下的目標，或者對他自己的表現感到沮喪。	
B	你小時候，有一位對你很重要的成年人常常批評你，或是給你設下的標準太嚴苛。	
B	回想起來，你過去達成的重要成就，都是靠自己摸索得來的，生命裡缺少模範角色。	
C	你喜歡井然有序的情況和熟悉的事物，碰到干擾你平時慣例的人或事會使你很氣惱。	
C	回想人生中的重大改變（搬家、結婚、換新工作、進入新學校），相較於興奮感，你更記得當時的緊張和不自在。	
C	若不知道接下來會發生什麼事，會讓你很緊張。	
C	一旦設下重要的目標，你主要的考量包含「失敗怎麼辦？」	
C	你曾因為嘗試新事物失敗，使你往後嘗試新事物時更加緊張。	
D	有人說過你是「控制狂」。	
D	你經常想要別人按自己的意思行事，或是在爭論中獲勝。	

	描述	屬實？
D	你不只對自己嚴厲，也對他人嚴厲。	
D	其他人出錯時，你常常會去糾正他們，就算這些事情沒有實質影響。	
D	要老實作答喔！你平常不太願意承認自己錯了。	

計算一下A、B、C、D四個大類裡面打勾的數量，打勾數最高的，就是你的主要LIFE因素。要是同分，表示你擁有一個以上的LIFE主導因素，而每一個都會為你的自毀習慣帶來同等級的影響。

要是某個因素的打勾數最少，表示那是你在LIFE評析中的強項，這樣很棒！可以靠這個因素來克服其他障礙。而找到強項因素之後，就可以放心知道這不是造成自毀的主因。

打勾區主要是A：代表「自我概念低落或不堅定」。

打勾區主要是B：代表「內化信念」。

打勾區主要是C：代表「畏懼改變或未知事物」。

打勾區主要是D：代表「控制欲過度」。

現在可以回到前面的段落，再細讀一下你的主要LIFE因素。我建議你把你的主要阻礙因素寫進日記，方便未來快速參考。本書接下來的許多練習都會要求你回想自己的主要阻礙因素，然後討論如何將它克服。

四大因素總整理

現在你已經知道了在導致自毀的底層四大LIFE因素裡面，是哪一個因素會在某時某處誘使你做出自毀行徑，現在就讓我們來整理一下，看看這四大因素有哪些共通之處。LIFE四大因素的最根本之處，就是我們對於安全和舒適的渴求。「自毀」這個習性可以讓我們待在舒適圈裡，給我們短暫的寬慰，暫時避免心理上遭受的威脅如壓力或恐懼。等到下次再度感到受脅迫時，我們就會再度自毀，因為以往的經驗證明，待在原地確實能緩解眼前的煩惱。可惜的是，除非我們願意接受一點風險或不適感，否則我們討厭的情況就不會有所轉變。

你可能會納悶，既然我們知道這種自毀循環永遠無法幫助我們達到目標，那幹嘛我們還是持續這樣做呢？因為，雖然自毀循環只會一而再再而三帶來同樣令人不滿的結果，但重複和規律能讓大腦覺得舒緩。而大腦的任務是要確保主人的生存，所以雖然重演過去的行為只會帶來同樣的問題或結果，但過去我們就是這麼做的，而且這麼做還使得我們安然度過了先前的負面經驗。尤其在壓力特別大的時候，此時的大腦沒有可以參考的模板來擬定因應措施，無法確保主人的安全，所以待在原地看來是好過於冒險嘗試未知事物。我們對於舒適感的需求，造成我們看不清問題的真相，無法拿出積極的作法來改善生活。**這麼做無非是想要保護自己免於受傷害、遭拒絕或失敗，只不過這樣做其實是錯的**，而且也只是要給自己的失敗找藉口而已。

我們可以看見，貝絲的健康情況一直沒有改善。有一天，貝絲看診完之後打電話給我，聽起來很沮喪，快要哭的樣子。她上次看診後就立志要控制飲食，加強運動，但一直都沒有確實執行。現在醫師告訴她說，她已經不再是「糖尿病前期」，而是真的得了糖尿病。醫師強調，她一定要聽從醫囑，還幫她介紹營養師和減重諮詢師，並要她開始規律運動。

貝絲很討厭減重，因為之前一直失敗。維持現狀比較簡單，況且她已經相信她是遺傳到媽媽肥胖的基因，再怎麼減重也註定失敗。再說她工作這麼忙，還有家庭要顧，哪有時間運動。於是她盡量不要去想減重這件事，也盡量不去照鏡子，還把衣服的尺碼標籤剪掉，這樣就不會在換裝時一直想到自己的體型是幾號。可是這種行為只會讓她越來愈胖。她愈是避免正視問題，問題就變得更嚴重，她又更容易做出危害健康的選擇。

我知道在導致自毀的底層四大LIFE因素當中，一定有一個因素在阻礙著貝絲，阻止她走出舒適圈，同時還使她生活脫序。於是我叫她透過以下的LIFE練習來辨識出是什麼因素引導著她走上自毀循環。

小知識：寫下SMART目標

寫下目標時，要寫出可測量、清楚、可達成的項目。有個好用的英文縮寫叫作SMART，這是由喬治・多蘭（George Doran）[14]率先提出的目標設定方法。一個好的目標應該：

1. 明確（Specific）：鎖定一個明確的方面來改善。
2. 可測量（Measurable）：確切的數量，或至少提出進展的指標。
3. 指派對象（Assignable），有具體的執行者。
4. 合乎實際（Realistic），以現有資源可實際達成的成果。
5. 有時限（Time-related），完成的時間點。

舉例來說，要是你的目標是減肥幾公斤，目標不要寫「減重」，這樣太籠統，應該依照SMART原則來寫：「我要用完整營養素飲食法（攝取的食物當中，有百分之七十為植物），在一月達到並維持健康體重（大約六十八到七十二公斤），並且規律運動（每週兩天做有氧運動四十五分鐘，一天做重量訓練三十分鐘）。」

練習：哪一個LIFE因素在阻撓你

想一個你一直沒辦法達成的目標。寫下這個目標，盡量具體。例如你的大方向是要「更健康」，具體、可以客觀衡量和觀測的寫法應該是「每週健走三次，每次四十五分鐘」或「一週只能有兩天在晚餐後吃甜點」，這兩個目標很具體、可觀測且一看就能懂。

貝絲做這項練習時，她寫道：

目標：體重要維持在BMI身體質量指數標準範圍內。

現在輪到你寫下目標了。寫好後，請你一一考量LIFE四大因素，然後自問，這四大因素如何影響你追求目標。把想法填入下面這張「LIFE表」當中，然後也可以把內容抄寫到你自己的日誌裡：

LIFE表：四大因素如何影響我追求目標	
自我概念低落或不堅定	

內化信念	
畏懼改變或未知事物	
控制欲過度	

為了幫助你完成這項練習，我們一起來看貝絲進行練習的過程。

自我概念低落或不堅定

貝絲思考這項因素時想起自己小時候常常會暴食。八歲時她去學芭蕾舞，而芭蕾舞非常強調體態，她回想起自己體型向來比同齡的女孩子稍大，而且九歲時就開始節食了！有時候她一整天只啃了幾根芹菜棒，到晚餐時因為肚子太餓於是吃了兩或三倍的量，然後隔天下定決心要「改進」，但同樣狀況又重演。

這些經驗長期下來影響了貝絲的自信心，使她的自尊低落，尤其是想起自己的身形的時候。她看著別人輕輕鬆鬆就能維持體重，懷疑自己是否能辦到，最後她放棄了，她告訴自己，追求達不到的目標並不值得，不如把力氣放在生活中其他感覺起來更好掌控的方面，像是工作、人際關係、嗜好、婚姻。長期逃避體重目標之後，使她更堅信自己對這方面一點辦法也沒有，還加強了她的自毀循環，因為她愈是不去注意體重問題，她就愈容易做出讓體重失控的事情，像是不運動或常吃垃圾食物。

你對貝絲這種墮落循環很有感嗎？人都會害怕失敗而不敢嘗試，但愈不去面對某件事，就愈容易讓問題惡化到不可收拾的地步，然後就會完全投降而不去處理。於是，自毀循環就一遍又一遍發生。

內化信念

貝絲的媽媽一輩子都受體重問題所苦。貝絲小時候，她常聽見媽媽抱怨自己必須減重，家裡堆滿一大堆減肥聖品。自從貝絲有印象以來，媽媽每年的新年新希望就是要減重，但困境一直沒有解決，貝絲也親眼見證媽媽對整個過程的挫敗，有時媽媽還會在餐桌前說：「我真的不該再吃了……但也沒差，反正我這週的減肥計畫都已經泡湯了。」

她甚至聽見媽媽對朋友說：「我直接放棄算了，反正我這輩子瘦不下來。」

貝絲好喜歡媽媽，看著媽媽體重控制失敗，對小貝絲產生了巨大影響。當我們看見自己敬佩的英雄人物犯錯或失敗，我們也會想：「既然連他們都做不到，我又哪裡有辦法呢？」貝絲從觀察學到，她自己逃不過體重的困境。這不僅是因為她想到先天上的致胖因素，也因為她長期下來仿照了媽媽的信念和行為。或許連貝絲自己都沒發現，她的生長環境告訴她，食物是敵人，要打敗它們；她的生長環境當中，「負面感受」通常會連結到對於體重的挫敗感。在這樣的生長環境裡，她和食物之間出現了不良關係。

長大成人後，貝絲將這些負面信念內化了，讓她逃避一切有關控制飲食的目標。她在體重管控方面的趨避衝突非常激烈，她雖然知道戰勝減肥問題可以得到獎賞，但她另有強烈的「避免威脅」思維，完全支配了她的意念、感受和行為。貝絲媽媽失敗的體重控制策略，貝絲也沿用了，並且同樣感受到媽媽減肥失敗時的負面感受，就好像她過去受到的影響，現在跑出來主導一切，只是她本人沒有意識到。

畏懼改變或未知事物

我問她：「貝絲，妳會害怕改變或未知的事物嗎？」她立刻回答：「不可能！我都很期待改變，而且在事業上，承擔風險讓我特別有收穫。」我必須承認，她確實不像是會害怕新環境的人。畢竟她為了追求事業，曾搬到十多個不同的城市居住，過程中也從來不會太過憂心。

我告訴貝絲，這是她在LIFE四項因素上面的強項，當其他三個因素出問題的時候，可以倚賴這個強項。我還告訴她，雖然「不懼怕未知」讓她事業順利，但她應該把這種探險精神用在體重問題上，以便擊敗體重問題的自毀循環。既然貝絲通常不怕新體驗或新挑戰，我相信這能夠幫助她多測試不同的方法，來找出停止自毀循環的最佳策略。舉例來說，在飲食上，採用多元的食物風格和選項，搭配外食，或許會比限制多的飲食法對貝絲更有效，尤其因為她喜歡（而不害怕）新鮮事。至於運動方面，貝絲可能適合提供不同課程的健身房，而不是只在跑步機上不斷重複同樣的動作。或許，可以先從探險假期、清幽秘境運動營來展開她的運動計畫，這樣較能勾起她的大膽嘗試精神並帶動改變。

另外，假設貝絲在「畏懼改變或未知事物」這個因素上面遇到困難，她可以找朋友一起運動，這樣就不用一個人去健身房面對新環境。還有，可以先減少一些食物的份量，而不是驟然徹底改變進食的習慣。像這樣減少與未知相關的不安感，或許能帶來一些成效。

控制欲過度

我和貝絲一起檢視這項因素的時候，她堅決否認自己控制欲過度。但我認識她這麼久，她就是個控制狂。貝絲從小就養成控制欲，原因可能是她小時候常因為父親工作轉換而跟著搬家，必須要一直結交新朋友和適應新環境；也因為她是家中最年幼的小孩，很多事情都得和哥哥姊姊爭奪主導權。她漸漸發現，掌控的感覺很棒，讓她得到嚮往的穩定感。她希望自己永遠是「在狀況內」，而不是後知後覺。

她的控制欲甚至影響了我們這群朋友：她不喜歡驚喜派對，所以我們想對她好的時候，要事先告訴她我們的安排，她才能做好預備。到現在，我們還是能看出她的控制欲影響到感情生活。她會因為老公臨時改變計畫而跟他吵。還有些時候，她明明是受邀請的客人，而不是活動主辦人，卻還想要親自指揮活動，連朋友都受不了。

現在你已經花了一些時間思考這四個底層因素LIFE，接著來完成下面的「LIFE表」吧。這張是貝絲的表。

LIFE表：四大要素如何影響我追求目標	
自我概念低落或不堅定	在體重方面自尊低落
內化信念	觀察到媽媽減重每次都失敗
畏懼改變或未知事物	我沒這個問題！
控制慾過度	不喜歡打破慣例和意料外的事

瞭解了LIFE四大因素，你就擁有一個窗口，來窺探為什麼人會出現自毀習性。以貝絲為例，她因為體重而自尊低落，常聽到媽媽不斷哀嘆自己體重控制失敗而產生絕望感、控制欲強烈（她偏不想依照營養師的囑咐來飲食），以上種種都讓她在應該要落實

減重行動時，頑固地阻擋自己的路。理智上，她知道醫師說的沒錯，但她就是沒辦法改變飲食習慣，沒辦法好好運動。這些LIFE因素就像是強勁的逆流，把你捲離自己所想停留的岸上。不過只要知道這股力量存在，就可以採用對策來讓自己不被捲入海裡。

小撇步：LIFE複習（10分鐘完成）

這個練習可以為你建立新的正向連結，開始破除LIFE和自毀行為之間的連結。首先，回顧前頁你寫的LIFE表，找出你認為導致自毀行為的最主要因素。大部份人都會有一個以上的因素。要是你不確定哪一項因素比較強，可以想想看哪一項對你的自毀習性影響力最大。如果還是很難排除次要因素，這裡有幾個訣竅能幫助你揪出最困擾你的問題。造成自毀的關鍵因素通常：

1. 是你第一個想到的因素，也就是直覺反應。
2. 會引起情緒反應。選最令人煩心的那個因素，通常就很準了。
3. 你在第三十五頁（練習：哪一項LIFE因素對你的自毀行為影響最大）

的練習中，獲得最多打勾的那項因素。

現在你已經找出導致你自我毀壞的核心要素，把它寫在每天都會看見的地方，像是床邊、浴室鏡子。這樣可以讓你更加意識到問題在哪裡。可是「知道」只是這場戰鬥的一部分，還要加上行動才能「做到」。這裡提供一個小秘訣，很多找我諮商的人都覺得有效，那就是選一首跟阻礙你達成目標的LIFE因素形成反差的曲子，這個動作會讓你調整心態，導向更正面的地方，不會讓負面想法在腦中盤旋不去。找找音樂庫，選一條和你主要LIFE因素氣氛相反的代表曲，然後播來聽。認真聽歌詞，好好感受旋律。研究顯示，音樂對於心情、甚至是腦部功能有強烈影響，可以讓人更專心，[15] 擁有正向情緒，轉變思路。研究發現音樂可以提升大腦組織資訊的能力，[16] 且動聽的音樂能產生療癒效果，讓我們覺得自己獲得了力量，覺得堅強，也對自己產生正面觀感。[17]

舉例來說，貝絲發現，媽媽的負面自我對話是貝絲產生「內化信念」原因之一，她認為這點最適切地描述了她的情況。她想到這些童年回憶時，感受到深深的無力感。為了避免自己沒有好好管理體重，她選擇了瑞秋・普蕾頓（Rachel Platten）的〈戰鬥之歌 Fight Song〉。她說，聽這首歌讓她渾身充滿活力，領悟到值得為自己的目標奮鬥，不要被LIFE因素給打敗。

短版練習：準備LIFE小卡（24小時內完成）

這項練習可以加強你察覺到自己是否出現「自我毀壞的行為」。先有覺察，才能改變。這項練習也能讓你辨識出特別容易帶來自毀的情境。

首先回頭看看你的LIFE表，再次找出你覺得最容易使你出現自毀行為的因素。拿一張小卡片，把先前針對這項因素所寫的個人情形抄在上面，然後把這張卡片放入口袋、皮夾或包包裡，隨身攜帶一天。這一天中，要是發生了和這個因素有關的事件或情境，就把卡片拿出來，在右上角多劃記一個小勾勾，並且把當時狀況寫下來。

例如，貝絲寫下她在晚餐聚會中，看到有上健身房而體態美麗的女性，或是親友提醒她減重，導致她自尊低落。她注意到，每當遇見這些情境她就會出現自毀行為，例如不餓卻瘋狂進食大吃甜食。

一天結束後把小卡片上的打勾數加總，也回想一下讓你聯想到LIFE因素的情況。該項因素每天出現多頻繁，會反映出它對你的影響。你可能會發現，狀態比較不好的那幾天，會更容易出現某些想法，或是特定活動、物品、人物、事件會誘發某些因素。之後我們會更深入探討這些想法、感受和體驗，而現在只要先多加關注你的頭號LIFE因素，並且計算自己所注意到的所有觸發情境次數。這有點像是針對某些情境而加註警告標誌，叫你要務必要當心，讓你準備好抵抗自我毀壞的念頭。

長版作業：好好檢視是什麼因素造成我出現自毀行為（7天內完成）

這項練習深入探討是哪些深層問題，驅使你出現自毀行為，讓你解開負面關聯，形成正面關聯，遠離令你憂心的信念，減緩對生活的衝擊。請你在日誌裡開啟一個新的篇章，然後在接下來一整週裡寫入內容。把標題寫上「我會出現自我毀滅的原因」。把這幾個字寫下來，有點令人心驚，但這就是用意所在！若你想要正面處理問題，所謂的「洪水療法」（flooding）是個不錯的方法。這個構想最初是心理學家湯瑪斯・史坦普弗（Thomas Stampfl）在一九六七年提出的。[18] 研究顯示，洪水療法特別可以幫助那些習慣把某個令人擔心的刺激物（如某個念頭或情境）與負面結果（如負面情緒或思路）聯想在一起的人。

研究顯示，暴露在令自己害怕的想法、情境或事件的時間愈長，對自己的情緒衝擊會變得愈小。這個原則後來發展出許多針對恐懼和焦慮的行為療法，而且很有效。[19] 強迫自己面對威脅，就可以開始看出通往獎賞的途徑。

行為經常是由情緒帶動，因此最重要的是要減緩情緒上的緊張與壓力，以便拿出「朝向目標前進」的行為，同時將「避免威脅」的模式切換到「追求獎賞」的模式。方法是讓自己真的進入「自毀的想法」，鼓起勇氣告訴自己：

「對，我有自毀習性。」承認這點沒有關係，因為人都難免出現自我阻礙的行為，但只要主動覺察之後，就可以重建韌性，擺脫「對於危險的避免，超過了對於獎賞的追求」這種錯誤衝動。其實只要退一步看看就會發現，威脅根本沒有想像中的嚴重。不妨放寬心去理解，每個人多多少少都會出現自我阻礙的傾向，因為它的根源就蘊含在生物本性之中。

接著回頭看你的LIFE表，再次找出你覺得影響你最大的因素，然後在日誌上寫下你的答案，以及發生在你身上的確切情形。

再來，計時五分鐘，思考一下為什麼你會有這種想法，它是怎麼累積下來的。不要評價自己的想法，而是想到什麼就都寫下來。要是不知該怎麼思考，可以自問：

1. 這個想法最早是什麼時候出現的？描述你記得的狀況。
2. 過去一天當中，這個想法在腦海中出現幾次？
3. 其他人有幾次具體告訴你這個想法？
4. 這個想法對你的行為有什麼影響？

5. 要是你拋棄這個想法，你覺得會有什麼負面結果？

五分鐘之後停筆，接著花幾分鐘回顧你所寫的內容。此時或許已經能看出某種規律了，譬如只要在某個特定的人身邊或處於某種情境中，你就會出現這個想法。你的生活中（過去與現在），誰在加深你這個想法？一天當中是否在某些時間點會覺得這個想法特別明顯？或者說，有沒有特定行動會觸發這種想法？

每天重複做這個練習，持續一個禮拜，把答案持續寫入「LIFE表」裡面。一個禮拜之後再回顧你寫的內容。閱讀自己的答案可以幫助我們的學習，增進我們的意識，知道自己為何會退縮。愈把這些埋藏起來的因素攤開來，我們就愈能正面處理它們，以便打破自我毀壞的循環。

希望你現在已經找出你的自毀原因，而且辨識出是哪些規律出現的人事物，會連結到你的主要LIFE自毀因素，誘使你做出「避免威脅優先，追求獎賞次之」的行動。現在，想想這些想法是怎麼演變到現在這個樣子的。你知道它的來源嗎？對多數人而言，這些想法源自於童年早期、重大的人生經歷或是生命中重要人物的影響。務必要先知道來源，才能讓你辨識出容易產生自毀行徑的情境，接著你就能在自毀發生的當下，運用技巧來對抗。

上述的練習可以大大幫助你瞭解是哪些力量驅使你走上自我毀壞之路。把這些問題攤開來看，知道它們出現的規律，一一檢視它們對你的負面影響，這就是很大的一步了，未來你將能夠在問題出現的當下就辨識出來，並培養出應變的能力。

本章重點回顧，以及下一章精彩內容介紹

知識就是力量！完成上述的練習之後，你已經可以更敏銳地知道自己是否快要進入（或已經身陷）自我毀壞的模式了。還有，我們對於導致自毀的底層LIFE四因素已有了進一步的理解，這樣可幫助你察覺哪一項（或哪幾項）因素會造成你「避免威脅」的願望大於「獲取獎賞」的渴望，導致你無法達成你想追求的目標。LIFE四大因素告訴

我們，自毀的衝動深深蘊藏在你的信念、感知、思想和行為之中，經常源於童年經歷、重大的人生事件，或生命中重要人物的想法，長久以來成為我們的一部分，所以剛開始很難辨識出這些問題。因此，我們必須透過練習來斬除這些根源。不過，你現在已經具備必要的知識了，可以更敏銳的覺察到自我毀壞的線索。有了以上的基礎，接著可以使用本書接下來的六步驟當成工具，迅速且有效地改變行為。第一個步驟就是：找出是哪些因素，會觸發我們的自我毀壞循環。

第1章

步驟一：會觸發自毀的6大因素

人平均每日會出現高達上萬個思維，但絕大多數是我們沒有察覺到的。最常被我們忽略的就是重複而普遍的思維，像是促使我們早起換裝、通勤的念頭。我們的行動受到習慣驅使，所以不需要時時刻刻都去仔細思考——你可以試試看用「非慣用手」刷牙的怪異感覺，就可以體會到上述這段話的意思了。

但是，還有另一種類型的自動化思考，與日常生活無關，卻是人類自毀行為的觸發因子，而且已經成了習慣，使我們不太會注意到它們（有點像刷牙穿衣服之類的念頭）。我們只會察覺到有某些行為導致了負面後果：工作完了、健康毀了、感情破裂了，夢想成空了。

自毀不會憑空出現，只是表面看來如此。你對自己、對外在環境的看法，深切關聯到你會如何陷入自我毀壞的模式裡。卡通裡的人物面臨善惡的抉擇時，肩膀上會冒出一位天使和一隻惡魔，雖然他們努力為善，卻時常還是依照耳邊惡魔說的去做。我們的負面想法不一定是惡念，而且有時非常細微，但它們的影響卻很巨大，會讓你做出違反自己最佳利益或不符合自己目標和價值的行為。

而為何這些負面想法難以偵知，原因跟我們的大腦功能有關。大腦永遠以省力、省資源為優先，以便未來真的碰到重大事件的時候，可以有餘裕來解決問題。當代的研究告訴我們，動物接觸到大量的相同刺激時，大腦內較能有效使用能量的「抑制細胞」會出面主導，使得亢奮型的細胞（它們接觸到新刺激的時候會非常活躍）的數量降低[1]。白話文就是：舊的、重複的資訊，會用自動化的方式去處理，讓大腦把可用的資源優先用來處理新資訊。許多國家的領袖或商業大亨都很會利用這個大腦機制，他們天天穿同樣的衣服，吃一樣的餐點[2]，把比較無所謂的決策自動化，這樣在處理牽涉大多數人的重大決策時，才不會弄得自己出現決策倦怠[3]。

大腦習慣採用預設的方式運作（跟著慣例走），這點在很多情況下都會發揮極大作用。但同樣這套對我們有益的機制，也會出面抑制我們心底那些不斷循環播放、對我們的自我形象、行為舉止、人際關係有損的思維。大腦會告訴我們：「拜託，這些對你有害的思維不是新的，已經出現過了」，於是我們就會忽略這些思維，讓它們繼續存在，繼續在暗中啃齧著我們。

人都會追求「認知協調」，也就是思想和行動一致，會逃避「認知失調」，也就是心裡想一套但行為上卻是另一套。當人出現負面的意念時，行為上通常也會跟進，導致我們採取違反自己最佳利益的行為[4]。若我們心裡同時懷抱著相互牴觸的信念、想法或價值觀時，會造成內心的不適。另外，若我們的行為違反了信念，或者外界的新資訊與我們內心固有的信念相互衝突，我們也會產生認知失調。人的心智比較喜歡驗證我們早已知道的事情，這就叫確認偏誤（confirmation bias）。

確認偏誤指的是，對某件事情產生預先設想的概念，接著用這個預設概念來對情境或人物作判斷。譬如，某人自認笨拙，跌倒時就會怪自己笨，而不是路不平。確認偏誤也有更嚴重的情況，例如你對某個政黨有特定信念，就更可能去尋找支持這個信念的資訊和群眾。你會傾向忽略跟你立場相違背的資訊，遇到反對意見時，也較有可能忽略或者是為自己立場辯駁。

我們常會避免那些造成心理上不舒服的資訊[5]，也會去扭曲那些與我們既有認知相衝突的新資訊，讓它符合我們現有的想法和行為。研究顯示，人在經歷到認知失調帶來的心理不適感的時候，會想要盡快減低這些不自在的感受[6]。為了降低不自在的感覺，有時候我們可能會捨棄確認偏誤，開始認真想辦法改變現有觀點，以求與外界的新資訊相符合。但這種情況很少，因為它比較費力，而大腦最愛的就是省力（沒錯，這一點我們會不斷提到）。比較常見的則是，我們連「確認偏誤」都沒有察覺，因為它已經在大腦內自動化了。在這種情況下，就會引發自毀循環——特別是當外界的新資訊有助於我們更詳細觀察自己的行為，從而開始改善自我。

我朋友安妮是很好的例子。她喜歡抽含尼古丁的電子菸，她曉得尼古丁會上癮（說來諷刺，她本人就是研究尼古丁對青少年長期影響的臨床研究員），但總是自我安慰說抽尼古丁比吸菸健康，還可以幫助她放鬆。她每日接觸到大量的健康風險資訊，其中有些還是她自己蒐集和分析的，但她都不當一回事，因為她說研究關注的是對青少年的影像，不是像她這樣三十幾歲的人。她還引述一些道聽塗說，表示很多抽的人健康都很好。這個例子可以看見，有時我們為了消除認知失調，會訴諸自我毀壞的方式，遠離對自己有益的東西。安妮扭曲了自己的知識，好讓她可以繼續抽電子菸。

在另一方面，人有時會改變行為，來符合自己現有的信念。我有一個個案叫做安迪，他長期缺乏安全感，很怕被讚美或獎賞。有次意外被升遷，他一方面很高興，卻也覺得自己不配。雖然上司誇獎他的表現優異，他還是隱隱感到所謂「冒牌者症候群」的心態[7]。他對自己的實力抱持著負面觀感，跟升遷的正向情境相互牴觸。不久後，他就持續做出「符合他自己內化信念」的動作，包含上班遲到、簡報亂做、有問題也不向同事求助等。幾個月後他就被炒魷魚了。

傑克的狀況和安迪很像，內在信念和外在情境永遠是衝突的。他待在一份很沒前途的工作已經五年了。他大學畢業時成績優等，一畢業馬上找到工作，領先其他同學。但是年復一年，他漸漸覺得工作缺乏挑戰，也沒有新的刺激，但就是沒辦法振作起來應徵新職位。每次看到不錯的機會，他就會告訴自己「我經驗不多，他們絕對不會要我」或是「要是應徵失敗怎麼辦？很丟臉」。他畏懼失敗，因此踏不出舒適圈去追求更有成就感的事業。

「想要減低認知失調」是人的本性，當本性啟動時，你可能沒有察覺到自己的想法或行為變了。所以最重要的就是要退出自動導航模式，才能辨識出這些在暗中搞破壞的自毀觸發因子。

找出自毀觸發因素

負面的自動化思考，又可稱為自毀觸發因子，就像是木屋裡的蛀蟲一樣，個別看來很小，但數量夠多時，足以搞垮整棟建築物。蛀蟲能使房子傾圮，同樣的道理，負面想法長期下來會把你消磨光光，因為它們躲在暗處，等你真正注意到問題時，情緒上的、健康上的、工作上的危機已經很難處理了。

負面想法對生活的影響這麼大，怎麼可能會看不出來？不過還真的看不出來，它們因為以下原因而深深埋藏在某處，彷彿串通好要躲起來：

1. **自動產生：**它們出現時缺乏明顯的意識處理過程。
2. **慣性發生：**它們看似正常，理所當然，因此不會引起我們關注。
3. **來得快，去也得快：**它們只出現幾秒鐘之後馬上消失。可是會一直不斷不斷出現，對行為影響愈來愈嚴重。
4. **濃縮簡練：**它們就像是思維上的速記語彙，通常是片段的，或是用快速的影像或符號呈現。

想要找出這些自毀觸發因子，就要先自我檢視。這些想法可能潛伏在你心底很久了，大腦早就把它們歸類成熟悉的舊資訊，所以你很久沒關注它們了。有點類似去到閣樓或地下室尋找布滿灰塵的老箱子，雖然你已經好一陣子沒去看裡面的東西，但這些物品還是能勾起你塵封多年的想法，且可能對你過去、現在、未來的生活產生重大影響。辨識出這些自動化思考，詳細檢視它們，將能夠揭露一些以前所建立、今日持續觸發自毀行為的重要想法。

接下來的小測試，能讓你找出最常出現的自動化思考類型，以及要把注意力放在哪裡，以便找出破壞力最嚴重的自動化思考，同時發展出一套行動計畫來阻止它們影響你的生活。

練習：辨認出自毀的觸發因素

閱讀以下情境。要是某類別的情境跟你的狀況很像，就在「符合」欄位中打勾。完成後，我們就能更明確的探索這些觸發因子。

你的觸發因素是什麼類型

	情境	符合嗎？
A	• 你原本飲食控制得很好，結果感恩節大餐不小心暴食。你心想，反正都搞砸了，乾脆好好慶祝接下來的節日，等明年一月再重頭來過。 • 你和某人交往幾個月，狀況很好，但忽然出了個差錯，然後就分手了。你很沮喪，覺得這輩子再也找不到好伴侶了。 • 你認真準備了簡報，上司卻對你的簡報批評了一番。你覺得很緊張，深怕被降職，甚至工作不保。	
B	• 努力找工作之後，終於獲得優良的職位。主管跟你說，她對你的表現很滿意。可是你不斷加班，因為你想要讓大家看到你有多用心，你又累又浮躁，但堅持繼續長時間工作來證明你的實力。 • 健身房最近飛輪課正夯。雖然你不喜歡，但覺得還是應該每週去上幾堂課，因為你想要擁有好身材，覺得這是最好的選擇。 • 你心情低落，於是臨時約了最知心的好友見面，可是她在忙，當天沒空，於是你生她的氣，因為好朋友有困難時，不管怎樣都應該要在身邊支持，她應該要懂這一點才對。	
C	• 你去相親，才二十分鐘就想走人，因為對方體重至少超重十公斤，不符合你的伴侶條件。 • 你打了幾場比數咬很近的網球賽，不幸敗北。你覺得自己一定是非常不適合打網球，最好還是放棄。 • 年度工作成效評估期間，上司稱讚你的表現，但也指出一些未來要努力的方向。你走出會議室時，因為沒有拿到「完美」評價，所以覺得自己很失敗。	

D	E	F
• 有個好幾年沒見面的朋友和你約午餐，卻遲到三十分鐘。整段用餐期間你都在生悶氣，因為你覺得這樣很不尊重，而且她感覺根本就不重視你的時間。 • 另一半問你生日想怎麼過，你說「喔，不用啦」，但你其實很想要好好慶祝。後來他沒幫你辦派對，讓你很生氣，找他吵架，因為他應該知道你的真正想法，不用你開口。 • 你在雜貨店看到鄰居，於是和他打招呼。他沒有回你，你覺得他故意不理你，因為看你不順眼，或是你做了什麼事情惹他不高興了。	• 你仔細研究了一家新創公司，冒險買了他們的股票。股票大賺，你雖然很開心，但覺得你只是運氣好。你忘記了你自己投入的研究心力。 • 你完成人生首次馬拉松賽，朋友稱讚你的時候你說沒什麼，自己跑得很慢，五個小時才跑完，只是一般般的成績而已。 • 你成功爭取到新客戶，同事想要大肆慶祝，但你很不自在，因為你覺得這不過是僥倖而已。同事祝賀你時，你說你沒做什麼厲害的事情，反過頭來讚許他們的成就。	• 另一半經歷了整個星期的高壓工作，脾氣很浮躁，很沒耐性，動不動對你發脾氣。你覺得自己一定也有錯，拚命想找出自己究竟做了什麼事情惹到對方。 • 餐廳服務生給你一個髒杯子。你懷疑對方是看你不順眼才故意找你麻煩。 • 小孩在家交給保母帶，不小心被瓦斯爐燒傷了手。你把這件事情怪罪到自己頭上，心想：「要是我沒把他丟給保母，然後自己和朋友跑出去玩，他就不會弄傷自己了。」

看看你勾選欄位對應到的字母，然後和下面的分類比較。這些是造成你自毀的常見

六大觸發因子。

1. 過度類化／災難思維（Overgeneralizing／Catastrophizing）
2. 「應當」思維（Shoulds）
3. 非黑即白的截然二分法（Black-and-White Thinking）
4. 揣測他人想法（Mind Reading）
5. 否認自己的正面成就（Discounting the Positive）
6. 自我針對（Personalization）

這些自毀觸發因子可能已經跟著你好一段時間，你從來沒有真正察覺它們存在。既然現在已經做完上面的練習，你應該比較熟習這些阻礙你成功的絆腳石了。

我們再回頭來看一看傑克的狀況，更進一步瞭解這些觸發因子形成的狀況。傑克做完了上面的小測驗後，發現自己常常會「自我針對」，同時使用「黑白思考法」。傑克常暗中觀察他人的表現和成績，並覺得自己總是不如人。此外，他還會做出一些非黑即白的兩極假設，例如想像自己應徵一份很想要的職位，結果不是面試表現優秀立刻錄取（他覺得可能性很低），就是連面試的機會都沒有。他甚至能生動想像出一些畫面，像是面試官翻到他的履歷時竊笑說：「這人哪來的自信，以為自己有機會？」傑克想像的各項情境都連結到負面感受，像是取笑、低落和羞辱。

換你了。再次看看你填寫的練習，你辨識出哪些常見的觸發因子？知道觸發因子是什麼之後，我們就能進一步討論。

1. 過度類化／災難思維

如果你的觸發因子是「過度類化／災難思維」，你會根據一個單獨的、可大可小的事證做出廣泛、整體的結論，而且這個結論通常很悲觀。走錯一小步，你整個人生很失敗；犯一個錯誤，你這個人完全沒用。先前好幾個禮拜主管都很稱讚你，但這整個禮拜他都沒有稱讚你，就讓你覺得自己可能在公司失去地位了。第一輪面試之後被刷掉，讓你覺得永遠找不到更好的工作。約人出去一次遭拒絕，你就覺得自己這輩子都沒人要了。

這種思考方式會讓你相信現在一切事都很糟，而且以後會更糟。懷抱這種信念，你的行為也會跟著改變，你可能會做得太過頭（過度刻意討好上司，或找伴侶時表現得太飢渴），結果可能把人際關係搞得很尷尬；你也可能會放棄嘗試新事物，不承擔任何風險，因為既然結果都會完蛋，做什麼也都沒用，對吧？

「過度類化」會大幅限制你，使你無法跳脫框架迎接挑戰，無法承擔任何風險。你很怕麻煩發生時自己無法應對，所以乾脆限縮自己的活動，拒絕新事物。只要不去嘗試，就不會失敗。對於任何危險，哪怕多麼輕微，你也可能反應過度。每當你遇見某種線索透露出危機，你就會把這個線索全面適用到所有的事情上，覺得會出現負面或者最糟糕的後果。於是你開始轉變行為，甚至可能會製造出自我印驗的預言，讓你最終決放棄目標。

舉例來說，你面試新工作時，主考官一面看你的履歷一面略微皺了一下眉頭（這是個線索），於是你想起先前有個主管做了這個表情之後開始批評你，於是你就覺得和這個職位完全無緣了。此時焦慮導致你表現失常，一副慌慌張張的模樣，想拚命挽救局面而回答得太繁瑣。面試結束後你的心情沉重，覺得沒有好好踏出第一步。後來得知沒有錄取，你就用這件事來「證明」自己這輩子職場都不會有成就了。時間一久，這些想法會讓你覺得不要應徵新工作比較好，就算你對原本的工作再不滿意，還是寧可繼續待著。

再來看一個例子。約會時突然對話沉默下來，此時對方轉頭看了一下餐廳四周，而沒有完全專注在你身上（這是個線索），讓你覺得很焦慮，因為你已經好久沒約會順利了。你在想，他一定覺得你很無趣，於是內心開始翻騰，想盡辦法要和對方互動，免得對方對你沒興趣。你為了要補救，連珠炮似的問了好多問題，搞得像是詰問似的。約會結束時，你又提出邀約，對方有點遲疑，使你感到失望。每次約會前、約會中的那種恐懼，深深打擊著你，於是決定乾脆先別約會好了，其實你內心很渴望一段美滿的感情。

這類型的自毀觸發因子是從哪來的呢？「過度類化」的最底層，是一種悲觀的人生觀，覺得自己不配，覺得好事情不會輪到我，有點像是《小熊維尼》故事裡的驢子屹耳，用很灰暗的眼光面對世界。這種觀點會把任何負面或未定的情況都解讀為厄運的徵兆，並相信負面的結果不會改變，且不管出現什麼事、在什麼情境中，結果一定都是負面的。

過度類化常常跟「內化信念」和「過度的控制欲」有關（參考上一章）。要是你覺得自己沒有能力帶來正向改變，或是覺得一定要隨時掌控狀況心裡才有安全感，你就可能會糾結於「萬一……會怎樣」，並且會用單一事件做出全面性的、負面的結論，與你現有的負面信念相互印證。你害怕不確定，這樣又使你更相信自己會碰到糟糕的事，於是不斷去限制自己的生活，只要是需要你踏出舒適圈的目標，你就無法堅持追求。「災難思維」其實是你內心出於保護自己，而做出的扭曲想法，因為做最壞的打算能讓你心裡預備好災難臨頭時該怎麼做，這樣就算是在最糟的情境中，你依舊可以維持掌控感。當然，問題在於，要是你過度糾結在最嚴重的「萬一」，會造成長期的負面感受，引發後續的自毀行為。

2.「應當」的思維

表現優秀的人常常會出現「應當」這個觸發因子，但矛盾的是，這樣會誘發自我毀壞的行為，反而造成表現低落。「應當」這個因素也經常出現在缺乏安全感的人身上，他們會仰賴「應當」來避免闖禍，免得引起負面關注。要是你有「應當」這項觸發因子，你可能對於是非、好壞有很強烈的感受，會盡一切所能來堅持自己的想法。這樣似乎聽起來不錯，缺點是你容易對自己和他人設下一堆規則，而且不論何時、何種狀況都沒有商量的餘地。這些規則沒有彈性，而且一體適用到任何情況、任何人身上，不因時空背景不同而改變。你因為堅守自己的規則，有時會對別人太苛刻，對自己更是特別嚴厲。要是你打破一項規則，可能就會在心裡狠狠責備自己，要不然就是急著為自己解釋破例的原因，還找了十足的理由，其實根本就沒人問你。不管是責備自己，還是急著解釋，你都無法放過自己。

「應當」這種思維很棘手，因為它的基礎就是一大堆你自己（還有他人）難以達到的要求。雖然抱持高標準是很棒的事，但這些評價並不公平，而且門檻高到不實際，幾乎保證你遲早會失敗。為了達到認知協調（信念和行為相吻合），你不太會去質疑自己內心的標準，而是會懷疑自己，認為自己某方面有所不足。不管什麼事總有改進的空間，而你相信，如果沒有按照自己心裡規定的去做，那整個任務、計劃、社交互動或是人際關係都會失敗。

這會讓你難以見樹又見林。你會把注意力集中在一個小小的錯誤上，努力想要修正它，卻沒有顧全大局和有效完成整體計畫。你也可能會因為別人犯了個錯而懷恨在心，就算那件事並沒有什麼大不了的，於是造成人際關係的裂痕，讓你喪失工作或社交上的機會。你也可能心裡會想：「我到公司這麼久了，該升遷了吧。」但同時又認為自己沒資格。我們也可以看看前一章提到的貝絲，在事業和感情上，她是自己命運的主宰，而她認定這套高標準也要用到自己的飲食習慣上，於是設下一個又一個「應當」。可是，她陸續違背了這些極為嚴格的規則，接著她就一口咬定她的體重是遺傳問題，自己打不贏基因的。於是在減重這件事上又導致自信心進一步低落。

因為「自我概念低落或不堅定」和「過度控制欲」（參見前一章）而退縮的人，常常會有「應當」的這項觸發因子。要是你的自我概念低落或不堅定，你可能會設下強硬的規則來要求自己、他人該如何表現，底層原因來自於害怕批判，以及永遠無法達標的可怕感受，於是你盡一切可能不要犯錯。過度控制欲的情況也類似，你想要遠離負面結果，所以不斷給自己壓力，但這種完美主義作風和硬性規定會導致自毀，因為人生有起落和變化，人要懂得變通才能順利發展。缺乏彈性將使你無法從錯誤中學習，或是當事情不如預期時無法擁有足夠的調適能力來變換做法。要是一切事都「應當」順你的意思，那麼事情不如計畫時不但會讓你深深失望，還會使你錯失了大好的學習良機，以及偶爾順勢應變能帶來的好結果。

3. 非黑即白的二分思維

喜歡掌控事情、不喜歡未知情境的人，常會使用「非黑即白」的這種截然二分法來思考。而習慣這樣思考的人，碰到模糊地帶就會感到不自在，所以想要透過截然分明的區分法，來讓自己過得比較輕鬆。這種人討厭混沌的灰色地帶，希望自己的選項是「全好或全壞」，但人生中永遠會有灰色的兩難情境。這類人在權衡利弊得失的時候會很緊張，因為任何優點都會對應到至少一項缺點，這讓「透過衡量兩個決策的利弊得失來做出選擇」這件事變得非常困難。

問題是，非黑即白把人生過度簡化了，將人引向極端的思想、行為和感受：要不爬得高，要不跌得慘；要不過得精采，要不人生黯淡。他們會把「一定」或「絕不」套用到多數情境裡。正因為他們認為「全拿，或者全輸」，所以遇到小小阻礙就會放棄目標。隨便一個行為或情境就可能讓他們對自己或他人做出全有或全無的結論。舉例來說，某天上午同事沒和你打招呼，於是你認為：「那個人好壞。」或是你考試不及格，就想：「我是笨蛋，沒救了。」這類人對事件的解讀方式這麼極端，使得他們的心情和自我信念完全取決於發生在身上的事，而不是內在的信念或是穩定的自我觀感。上一刻還覺得自己很棒，下一個打擊就讓他想著乾脆放棄追求自己的目標算了。

這類人容易往最壞的想，然後照著這個最壞的思維去行動。這和過度類化或擁有災難思維的人很像：他的行為，就是一個會自我實現的預言。舉例來說，你在新工作繳交的第一份報告裡不小心打錯一個字，就告訴自己是個沒救的人，無法勝任，一個月內就會被開除吧。接著你就開始在其他事情上嚴重拖延進度，常被老闆斥責，最後因為持續表現不佳而被趕走。這件事情更是證明了你先前所認定的信念（亦即：看吧，我就知道我會失敗），因此下一次遇到自我評價的機會，這些負面思想就變得更強烈。

「非黑即白」的思考法常跟畏懼改變或過度控制欲有關。要是你畏懼未知事物，你可能無法處理複雜決策，所以逕自做出二分法的選擇，但這樣又會導致過度簡化的結果。計畫趕不上事態變化時，你可能會對自己施加負面的自我對話，讓你難以朝重要目標努力，更可能會在過程當中自我毀滅。控制欲可能讓你用簡化的方式推測哪些事情可掌控、那些無法掌控，並決定只投入你覺得值得花時間的目標、對象和情境。但這可能會讓你放棄一些看似棘手、終究能帶來極大滿足感的事物。

4. 揣測他人想法

揣測，指的是你認為自己知道他人的想法和感受，特別是關於你的想法和感受。當然，你不可能真正知道他人腦裡在想什麼，可是你沒有做任何驗證對方在想什麼，就直接做出結論。你的假設有時似乎符合直覺，很有道理，原因是這些假設來自你的經驗，於是你直接把經驗視為事實，並配合這些假設來行動。譬如說，同事某次開會沒像平常一樣主動找你閒聊，你就覺得她在生你的氣，於是花了很多時間拚命回想自己到底做了什麼惹到她的事，最後還去找她對質，要求她講清楚你到底是為了什麼而必須承受她這種「冷淡」的待遇。或是你約會的對象在過去二十四小時內都沒連絡你，你覺得他不想理你了，於是狂發一連串訊息，想看對方會不會多注意你。一小時過去了，對方都不讀不回，你就更不罷休，同時往最壞的方向想，最後才發現原來他在電影院裡看電影，沒看訊息。你忘了其實每個人都受到不同的因素影響，也有不一樣的人格特質，在不同情況下會有不同的表現方式。況且，除非我們聽到對方親口說，不然根本就不知道別人在想什麼，或他們的生活中發生什麼事。

「揣測他人想法」同樣是出於自我保護的目的，同樣是被扭曲了。你以為只要知道其他人在想什麼，就可以預測出他們會怎樣對待你，並做好相應的預備。而你常預測到負面的事，加劇了這個現象，導致其他人受不了每次都要向你證明自己的清白，要不然就是你一直在指控他們不好，讓他們產生防衛心態而加以反駁。到了最後他們乾脆疏遠你，使得你起初最擔心的結果終於發生了。若你將自己的信念、想法和觀念施加在他人身上，並認定他們會做出你面臨同樣情境時會有的反應，這樣的情感投射直接通往自毀一途。

當人在揣測他人想法的時候，會不經意展現出自己最底層的不安全感。你可能覺得自己不討人喜歡，或是其他人會見不得你好而害你，為了因應這種（你假設出來的）情形，於是你搶先出手反擊對方（故意不稱讚同事來「反擊」），或做出被動式的攻擊舉動，像早上看到對方來上班時不打招呼，或是不斷要求對方認同你。但這些行為只會讓對方想要遠離你。

「揣測他人想法」常常跟自我概念低落或不堅定以及內化信念有關。若你對於他人和你的互動，有一些預先設想的負面思維，或是對自己某些部份的自信心不足，你就會預先猜想別人的想法（目的是要避開尷尬）。不過，這種警戒心不僅幫不了你，還會讓你感覺世事難料，周遭發生的一點小事都可能搞得你心情大亂，使你因為自身的恐懼而對情況胡亂瞎猜，卻不知真正的情形如何。結果就是人際關係頻頻誤會，衝突加劇，還會打擊你的自尊，使你沒有魄力和信心去尋求自己想要的目標。

5. 否認自己的正面成就

否定正面事物，指的是你不斷推卻別人給你的讚美，或是堅持不居功，反過來去稱讚給你讚美的人。一開始這種行看似謙虛，長期下來會使自尊心更低落。你可能會不看自己的優點，而關注負面缺失；你可能會低估人生的好事，高估壞處；你可能看不見自己好的一面，變得憤世嫉俗，覺得自己碰到的逆境多過於順境，碰到的問題多過於解決辦法。

否認正面事物的問題在於，時間一久，不管你人生有什麼境遇，你都會忽略其中正面的部份，貶抑你收到的正評，或是輕視自己的正面成就。你會緩慢而穩定地鞏固你的負面信念，久了之後你的記憶被改造了，你只記得過去事情負面的部份，沒有用客觀的角度來看待整個事件。這很像一名守門員成功攔截了百分之九十的敵隊射門，讓隊伍贏得比賽，但自己卻只談論被對方得分的那百分之十。漸漸地，守門員忘記自己的失分其實無關比賽輸贏，也忘記自己在球賽過程中的每個行動也是整件好結果中的一環。若你習於否認正面事物，這種觀點會消磨你的能量、澆熄你的熱情，讓你認定自己的命運就是容易走向失敗，不易成功。

正向的體驗會帶給我們動力、毅力，培養出韌性。如果過度忽略生活中的正面事物，你可能會更傾向逃避人群，不參加活動，剝奪自己接觸有益資訊的機會。長期否認自己的正面成就之後，就會進入惡性循環的開端，引發許多自毀行為，然後你又拿這些來當「證據」，繼續只去看見人生的悲觀面。有趣的是，人在評價他人的時候，反而不太會否認他們的優點，且傾向以公平的觀點來評量他人。但相比之下，我們卻常強調自己的不足，導致落寞或無力的情緒，因此更有可能做出自毀行為。

「否認自己的正面事物」與「自我概念低落或不堅定」及「內化的信念」關係最強烈。確認偏誤讓人會用自己現有的觀念來解讀外界的新資訊，所以一個人若是自我概念低落，或抱持負面的內化信念，就會對關於自己的正面資訊感到不安，聽不進這種資訊。時間一久，就看不清全局了，在追求目標時也無法好好慶祝階段性的小成就來激勵自己繼續前進，最後就感到沮喪、無力、完全放棄。

6. 自我針對

最後一項觸發因子叫作「自我針對」。這項很有意思，人喜歡互相比較，目的是想知道自己的社會地位。「自我針對」就跟這種基本人性有關。人是群體動物，正常情況下會有某程度的自我針對傾向，也就是忍不住和他人比較，但走向極端就可能導致自毀。

某些情況中，互相比較可以有正面成效：拿他人當作參考標準，可以讓我們知道什麼是適當的社交禮儀與行為舉止，還可以砥礪、啟發自己，且看清自己獨特的強項。不過，要是太愛比較，而且比輸了，不只會帶來負面的自我評判，也會產生一些沒實際用處的想法，讓你怯懦於接受挑戰風險，不敢拿出自信心來把握良機。

愈是愛與他人比較，個人的自尊就愈可能受到「與他人比較之後的結果」的挾制。如果「自我針對」再碰到「非黑即白的截然二分法」或「應當」的影響，那問題就更大了，因為你會用不切實際和過於嚴厲的標準來評判自己：比輸了人，就會認定自己是吊車尾，而不會轉念想成是亞軍。要是你的自尊是奠基於外在的與人比較，就會很不穩固，而且隨著每日情境的丁點變化而擺動。要是你身旁有人心情不好，你也跟著心情變差，猜想是不是自己做了什麼讓對方不開心，所以你想要負責「補救」他們的狀態。要是做不到，你就很氣餒，很自責又難受。

人是群體的動物，我們都會和別人相比，這樣能幫助我們知道要怎麼在不同情境中和不同人相處。但如果有過度的自我針對傾向，就可能會以兩種不同的類型，去啟動自毀的循環。第一是強調差異的向上比較，第二是強調相似的向下比較。兩種比較心態都會打擊自尊和對事件與處境的掌控感[8]。當我們比較的對象是值得欽佩或效法的人，我們只會注意到自己不如他之處，比久了之後就失去了自己的目標，增強了「再怎麼努力也達成不了」的信念。要是相較對象是不如自己的人，我們只會注意到和他的相似處，比久了就會加深低落的自我概念，認定自己也配不上更好的，因為你和那個不良的示範差不多，或者比他還爛。前面說過，大腦不喜歡失調狀態，比較喜歡協調，所以一旦某項負面信念建立後，你的行動就可能會加強且配合那個負面的自我認知，使得自毀更有機會發生，因為你覺得自己不值得享有好東西。

「自我針對」與「自我概念低落或不堅定」和「畏懼改變或未知事物」非常相關。如果你的自我概念低落，或是畏懼未知的事物，你可能常常要尋求外在世界的線索來證明自己沒錯，沒讓任何人不高興。此時你的自我感是奠基於外在影響力之上，而不是依照真正需求從內在產生。比不上別人，或擔心未來將發生的事，會讓你很難穩定追求所欲的目標——尤其是當外界沒有說你很好的時候。

用RCC模板來理解自己的自毀觸發因子

先前過，自毀觸發因子經常藏身於我們的潛意識中，我們只能看見它們造成的結果（正如只能看到房屋遭蟲蛀，卻看不到個別的小蛀蟲），但我們未必會注意到是哪些內化的觸發因子，導致後果的產生。上述這些自毀觸發因子，各有各自的運作規律或原理（Rules）、起因（Causes）和後果（Consequences），我簡稱為「理－因－果」（RCC）。RCC是一個模板，指示你要採取什麼行動，才能避掉你以為是威脅的事物。而那些自毀觸發因子則是源自於你內心的信念，更具體而言，也就是一種深層的恐懼，擔心自己無法處理的事。所以，你可能會發現這些自毀觸發因子的根源，與前一章提到的LIFE四大底層因素有關（自我概念低落或不堅定、內化信念、畏懼改變或未知事物、控制欲過度）。LIFE四大因素就是讓觸發因子孳生的溫床。

長期下來，自毀觸發因子的運作原理造成你做出特定的行為，帶來不良的後果。這些運作原理壓抑了你「爭取酬償」的意願，讓你只想要避免痛苦、不安或災禍。你不准自己受考驗，因為怕證明自己又錯了。你避免新挑戰，以便預防不良的後果。但這樣的逃避只會加深你的恐懼。

回到傑克的例子，他的RCC模版造成他在職場上、感情世界裡長期退縮。他有過幾段戀愛經驗，但都不順利，有次對方的職位不高，他竟然不斷的批評對方，簡直就是把自己的不安全感加在對方身上，而對方被批評之後當然就跟他分手了。還有一次是彼此關係很好，他卻主動分手，因為怕對方發現他是個草包。他說服自己：他要拚事業所以沒時間談戀愛。他在談分手時經常會說出：「不是你的問題，是我的事業……我實在太忙了。」感情告吹幾次後，他現在認定自己「不擅長談戀愛」，而且每次朋友幫他安排聯誼或是介紹對象，他都用工作忙當藉口婉拒。看來，傑克的RCC就是圍繞在他的「畏懼改變或未知事物」這個LIFE因素上面：他的R（運作規律）是以非黑即白的截然二分法為中心，不容許灰色地帶；他的C（原因）是他在缺乏截然答案的情境中會感到害怕，而他的第二個C（結果）就是他會過度簡化人與人之間的複雜情景，也過度批判自己和他人。

以下這張表顯示本章提到的每一個自毀觸發因子，分別與哪些LIFE底層四因素有關。本表同時列出每一個自毀觸發因子的R（運作原理）、C（起因）和C（後果）。

自毀觸發因子	相關的LIFE 因素	運作原理Rules	起因Causes	後果Consequences
過度類化／災難思維	內化信念、控制欲過度	用單一事件做出概括結論、糾結於「萬一」	懼怕「萬一沒有沒預料到將來的狀況」	生活日益受限、認定會有最壞結果、消極或完全不追求目標
「應當」的思維	自我概念低落或不堅定、控制欲過度	硬性規定自己與他人應有的行為	完美主義、畏懼批判	不斷對自己和他人施壓要做好事情、感覺自己永遠不夠格
非黑即白的截然二分思維	畏懼改變或未知事物、控制欲過度	不容許灰色地帶、二分法判斷	對模糊狀況感到不安、很容易做出不良決策	嚴厲批判人己、簡化看待複雜情境
揣測他人想法	自我概念低落或不堅定、內化信念	假定自己知道他人的感受和想法	害怕遭拒、丟臉，怕自己被拒絕會碰到危險	過度提防社交上會不會損及自己脆弱的自尊，因為誤解而和他人衝突加劇
否認自己的正面事物	自我概念低落或不堅定、內化信念	忽略必須考慮的重點，忽略重要的細節	自尊低落、完美主義特質	對於人和情境的觀點偏頗，無法著眼於全局而做事魯莽

自毀觸發因子	相關的LIFE 因素	運作原理Rules	起因Causes	後果Consequences
自我針對	自我概念低落或不堅定、畏懼改變或未知事物	過於愛拿他人和自己做比較	自我價值受外在環境牽制而不堅定	嫉妒，時常自認不夠好，怕被「揭穿真面目」

好，你已經深入觀察六個會觸發自毀的因子以及它們各自的原理、起因和後果，也考量了每項因子連結到的底層LIFE因素。接著我們就要來思考一個重大問題：這些自毀觸發因子是從哪裡來的？何時首度出現在我們的腦海裡？為了瞭解這一點，我們要來稍稍研究一下你的過去。

自毀觸發因素的根源

雖然這些自毀觸發因子影響的是你現在的生活，但它們根源於你的人生早期，通常可追溯到童年和青少年時期。在這段關鍵時期，透過與他人的互動和經歷，形成了對這世界運作規則的看法，以及自己要如何融入環境的看法。每個經驗都會成為吸收新知識的機會，每次的互動或「教訓」都會讓你牢記在心，遠勝過後續人生階段所發生的事件。

人剛出生的時候就像一張白紙。小的時候我們還不知道要怎麼理解和應對外在世界，此時的早期經歷就賦予我們一套可以遵循的規則。這些就是我們最早的學習經驗，也會成為後續經歷的參考模板。

有些早期經歷能幫助我們培養自尊和信心，最後讓我們熟悉特定任務或生活面向。但是，負面的早期經歷也可能減損對個人和自身能力的信念，產生長久的負面影響，到成年時仍會因此而做出自我毀壞的舉動。

想知道自毀觸發因子的形成過程，可以回去看看本章一開始的「練習」部份，你辨識出來的自毀觸發因子。想想看，印象中是什麼時候你第一次遇到這個觸發因子。想不起來的話，也可以思考是否曾有某個事件或別人對你說的某句話，影響了你對自己的想法（例如「你還真是糟糕！」），或是影響了你如何適應外界環境（你花很多時間努力準備語文競賽，結果第一輪就被刷掉）。如果還是找不到這項觸發因子的源頭，建議你可以依照年齡來回顧重要事件，像是初次認識新朋友、第一個學業里程碑（如成績）、頭一場運動比賽的表現、初次戀愛、老師或教練第一次給的意見回饋、首次達成目標或是追求目標失敗等。每次回顧一年的重大事件，特別注意在四、五歲左右（大部份人在此時首度有清晰的記憶）到十六歲之間所發生的事件。找出自己的自毀觸發因子之源頭，會對你產生兩個幫助。首先，說明了這些因子是在你生命早期建立的，而當時你沒有足夠力量來抵抗這些因子；其次，你現在可以留意是否出現了類似的事件，這樣你就能夠主動出手處理。

最重要的是別怪罪自己。你會有自毀習性，不能怪在自己頭上。雖然你阻礙了自己的發展，不允許自己成為內心真正想要成為的樣子，但你這樣做只是為了想要保護自己免於失敗、免於情緒困擾或是失望。還有，既然你已經知道是哪些因素在過去阻撓了你，現在你就有能力做出改變，邁步向前，拿出有效策略來朝著目標前進。

你已經辨識出自己的自毀觸發因子，也已觀測是哪些LIFE底層因素（自我概念低落或不堅定、內化信念、畏懼改變或未知事物、控制欲過度）助長和強化了自毀的觸發因子。接下來，你要學習反擊了！首先要學的就是，在第一時間內留意到自毀觸發因子又出現了。理由在於，並不是「一出現自毀觸發因子，就一定會走上自毀之途」。若是你能立即偵測到自毀觸發因子又出現了，就能透過策略，當場阻止自毀行為進一步惡化。

以下的練習會介紹更多方法，讓你檢視自己的思考，找出自毀觸發因子對你生活的哪些層面造成的影響最嚴重，從而開始留意自毀出發因子出現的跡象。

小撇步：觀察兩組ET的關係（10分鐘完成）

在這個練習裡，我們將學習如何留意兩組ET之間的相互關係：情緒（Emotion）、想法（Thought）、事件（Event）、觸發因子（Trigger）。自毀觸發因子不會憑空冒出來，要找出它們的源頭，你可以從自己的感受為起點展開追尋，找出激起這種情緒的想法，然後記下在什麼情形中，想法和感受會一同引發自毀的循環。實際做法如下：

首先，很快檢視一下你現在的情緒狀態，如果察覺到自己感受到悲傷、失望、憤怒、灰心或其他負面情緒，就幫此刻的「情緒」（Emotion，這是第一個E）取個名字，可以默想也可以講出來（還有寫到日誌裡）。接著回想，看能不能找出情緒產生之前自己有什麼想法（Thought，這是第一個T）。然後再回想：這個想法出現之前，發生了什麼事件（Event，第二個E），並把事件記錄到日誌中。最後，把注意力轉移到找觸發因子（Trigger，第二個T），然後也寫下來。

譬如，傑克有個老同學在別家公司榮升副總，於是他參加了一場業界的慶祝活動。傑克雖然不喜歡自己的工作，在席間還是吹噓了一番，說自己有多重要，以及他們公司裡的貢獻不是用頭銜來表彰的，看的是戰功。接著他表示自己該回公司了，很多事情沒有他就不行。以下是他的「兩組ET」日誌內容：

E：情緒	能力不足、不安全

T：想法	他們比我有成就，錢賺得更多，頭銜也比我響亮。
E：事件	業界活動中，我遇到好幾位昔日同學
T：觸發因子	自我針對

找出「情緒」和「引發情緒的想法」之間的連結，能讓你知道你的感受其實是有規律的，不會莫名跑出來開始搞你（雖然感覺起來很像這樣）。知道了「實際感受」和「底層想法」之後，可以賦予你能力去控制你的負面情緒和自我貶抑的思維模式。同樣道理，把「哪些事件會引爆自毀觸發因子」記錄下來，就能看出是在什麼情境之下最容易出事，是否有類似的規律或原因等。

上述所說的，會在接下來兩章更詳盡介紹。現在你要做的就是留意事件、想法和感受是怎麼交互作用，啟動自毀觸發因子。愈快開始看出規律，你就更能預備好，採取幾個簡單的步驟，輕鬆打破自毀循環。步驟包含深呼吸十次、散散步、聆聽能平復心情的音樂、塗塗鴨等。

短版練習：定時檢視你的思考（24小時內完成）

這項練習幫助你的大腦有系統地停用「自動導航」模式，開始有意識地觀察在一天之中，自毀觸發因子有幾次滲入思考裡。先前說過，習慣性或重複的思維，大腦注意不到，除非你刻意做些事情（像這個練習）來讓大腦關注到它們。這個練習不但可以讓你知道一天之中自毀觸發因子會出現幾次，還可以教你去意識到那些以前經常出現、卻被忽視的想法。

早上的時候，拿出四、五張小卡片或便利貼，在每一張最上方寫下一個時間，每一張卡片的時間都間隔二、三個小時（例如：上午九點、中午十二點、下午兩點半、下午五點以及晚上七點半）。用手機把這些時間點設定鬧鈴。每當鈴聲響起，就拿出那個時段的卡片，把當下的任何想法都寫下來。一天結束後，回頭看看卡片內容，然後圈選出與你觸發因子有關的想法。

舉例來說，傑克在這個練習中寫出來的卡片如下：

09：00	早餐要吃什麼好？餓死我啦。 觸發因子：無。
12：00	我在派對遇到的女生一定對我沒興趣，因為她沒有回我的訊息。 觸發因子：揣測他人想法。
14：30	我這樣下去可能永遠都找不到另一半。 觸發因子：過度類化／災難思維。
17：30	下班後想和朋友出去。可是意義在哪裡？反正我又遇不到我喜歡的人。 觸發因子：過度類化／災難思維。
19：30	要是我有和朋友出去就好了，現在已經來不及了，還是以工作為重吧，不要去想能夠認識什麼人。 觸發因子：過度類化／災難思維。
傑克的另一天	
13：00	老闆說有事找我，我一定是做錯事了。 觸發因子：揣測他人想法。
15：30	老闆要我換個領域，我可能得參加培訓。看起來就是他覺得我勝任不了現在的職務。 觸發因子：揣測他人想法。
18：00	我要加班來證明自己很棒。 觸發因子：「應當」的思維。

20：30	我現在差不多可以回去了，但我沒有報名那堂培訓課，現在已經報不上，老闆會知道我很沒用。 觸發因子：過度類化／災難思維。

傑克的卡片上最常出現的幾個主要自毀觸發因子，包含「揣測他人想法」和「過度類化／災難思維」。定時檢視自己的思維，你就會知道在一日之內自毀觸發因子出現的頻率，以及這些因子可能出現的情境。

現在該你自己練習了。自毀觸發因子之所以會出現，就是因為我們沒有在事發當下抓住它們，感覺彷彿我們無法控制它們似的。慢下來，找出你的自毀觸發因子有多常出現，培養出「它們一出現，你就察覺到」的能力。多練習這個技巧，你就愈有能力留意到、辨識出負面想法出現了。過一段時間後，你甚至習慣了，只要它們一出現你就會注意到，從而遏止它們進一步引發更強烈的負面情緒，打破自毀的循環。

長版作業：我會自我毀滅的原因（7天內完成）

這項作業將幫助你釐清，生活中有哪些面向會受到自毀觸發因子所干擾。在接下來這個禮拜裡，前六天各寫下一篇日誌，紀錄你這輩子遭遇過的一個重大經歷。書寫時，你會出現正面、負面的想法和感覺，這都沒關係，多數人對於「重大事件的記憶」都是有好有壞。請具體撰寫，詳細描述你的回憶，盡可能使用感官語言（你看見、嘗到、嗅到、聽到、碰觸到什麼？）並描述印象中當時出現的任何想法或情緒。

每篇日誌大約花十到二十分鐘，不知怎麼寫的話，也可參考以下的範例，讓你每天針對不同的生活面向做出回顧。我們假設星期一開始進行。

- **星期一，課業／學習：**想想一位好老師、一門你特別熱愛或是功課特別爛的學科。你有什麼值得自豪的成就？哪一科的表現不好？為什麼？你當時的感覺是什麼？
- **星期二，感情：**想想印象最深的幾段戀情。什麼時候談第一場戀愛？初戀的感覺如何？你有覺得遭到拋棄嗎？有沒有後悔過？

- **星期三，身心健康：**你有受傷或是生病過嗎？有動過手術嗎？有出過意外嗎？調養過程如何？你有沒有診斷出心理方面的問題？有的話現在處理狀況如何？
- **星期四，社交：**童年的第一個好友是何時認識的？體育課選隊時，你是第一個受邀入隊，還是別人挑剩的？你曾被霸凌過嗎？你現在最好的朋友是誰？是怎麼認識的？你對友情有任何失望的感覺嗎？
- **星期五，工作與職涯：**你第一份工作是什麼？你第一次面試的工作，有被錄取嗎？你第一次升職的情況如何？有被開除過嗎？當時的狀況是？
- **星期六，家庭關係：**你最親近的家人是誰？你和哪個家人感情不好？你的家庭生活有什麼挫折？你希望能和哪個家人改進感情？

星期日那天不用書寫，而是回顧過去六天所寫下的內容，找出與本章討論的自毀觸發因子有關的任何字詞、描述或是記憶。

在紙頁的空白處，註明問題出於哪項自毀觸發因子（過度類化／災難思維、「應當」思維、非黑即白思考法、揣測他人想法、否認關於自己的正面事物、自我針對）。把這些因子對應到你生活裡的各個面向，就能夠知道這些因子對你造成的影響。另外，各項觸發因子對於生活裡不同面向的影響，也不一樣。例如「非黑即白」的思維可能對你的感情有比較嚴重的影響，但對工作或是家庭關係就比較輕微。

這項練習可以讓你知道哪些自毀觸發因子對你的影響最大，以及更重要的，在生活中的哪些面向影響你最大。若某個生活面向（課業、學習、感情等）裡出現愈多的自毀觸發因子，就代表你可能在這個面向裡做出自我毀壞的行為。而你就可以採用本書後續要傳授的破除自毀招數，來處理這個生活面向裡的問題。

本章重點回顧，以及下一章精彩內容介紹

要練習一段時間後，才會本能地在自毀觸發因子出現的當下，就察覺到它們。這個過程有點像學習手排車，剛開始練習的時候會覺得很卡，需要專心、刻意地做出換檔的動作，才會順暢，但久了之後就熟悉了。同理，練習久了之後，你就可以很自然地察覺出自己正在想什麼，你也像自動導航似的會注意到自毀觸發因子出現了。

現在你已經開始有意識地去留意自毀觸發因子何時發生，也知道「先有一個事件」、「造成觸發因子出現」、「後來產生的情緒」這三者之間的關聯。接下來，我們就要學習如何把這些自毀觸發因子轉換成更中性的思維，別讓它們持續對心情和行為造成負面的衝擊。這也就是我們在下一個步驟要關注的：如何處理這些自毀觸發因子帶來的負面感受，以避免自毀循環的啟動。

第2章

步驟二：如何拆除自毀的炸彈

六個自毀觸發因素經常暗中潛伏，很難偵測，要等到某個事件出現才會跑出來。就算它們出現，也不代表接下來一定會引發自毀行為。這點很重要，我要再次強調——自毀觸發因子出現，不等於一定會啟動自我毀壞的循環。而要避免自我毀壞循環啟動，最關鍵的作為就是要讓自毀觸發因子「鈍化」，別讓它們影響你的感受和行動。

拆解進程

事件、想法、感受及行為，是一連串可預測的順序。若能瞭解這個順序，你就知道要從哪裡打破自毀循環。這個順序用慢動作播放的話，大概如下：

事件➡想法➡感受➡行為

要是自毀觸發因子跑出來搗蛋，這個順序就會導向自我毀壞的行為。自毀觸發因子會出現在以前舊的想法裡，而最終的自毀行為就是你跟著自毀因子起舞之後，所產生的結果。

事件➡想法➡感受➡行為

➡自毀觸發因子➡自毀行動➡

從上述這串連鎖反應可見，想法會主導我們的感受，接著促使我們採取行動。舉例來說，要是你覺得有個三寶駕駛在高速公路上硬要超你的車，簡直可惡，這個想法就會帶來不快感（暴怒），於是你就會按喇叭或爆粗口，或是硬切回去報仇。另一方面，如果你當時想的是，超車的人好像很急著要去投奔，他不是故意的，那麼你就不會出現這麼強烈的負面情緒，甚至會對他產生同理心，於是你就照常開著車。你對事件的解讀會主導心裡的感受，然後會讓你採取行動。

這裡提到的事件不僅包含當下發生的事情，也包含回想起以前發生的事。危機感和恐懼（造成心跳加速、肌肉緊繃）會促使你做出自衛反應，例如逃跑或避開你所害怕的刺激物——不管是野獸、約會的對象，或是這陣子努力在找的工作。

要是把想法或感受擺著不管，就會進一步導致自毀行動。這是一個可預測的進程，我們把它拆解之後就能看出要從哪裡介入，以便阻止自毀發生。其實，這個進程當中的每一個步驟都可以介入處理，包含先期發現自毀觸發因子的時候、感受到負面情緒或生理反應湧現的時候、開始做出自毀行動但情況還沒失控的時候。

理解這個發展次序的最佳辦法，就是實際觀察自己的生活。現在，就讓我們來試做這一道我個人最愛的練習：思維記錄。

「思維記錄表」的練習

思維記錄指的是用「視覺化想像」的方法，把特定情境和事件中自己的想法加以重現，讓你可以即時觀察思想如何影響你的感受和行為。這是一種經典的認知行為治療方式，最先由亞倫・貝克醫師（Aaron Beck）所創立[1]，而實際進行形式有很多種。

以下所用的是我為我的諮詢個案所開發的版本，它的架構分明，可輕易看出自己的想法、情緒和行為之間的線性關係，也可幫助自己採用「不偏向自毀」的方法來回應你的想法和感受。

下次你注意到負面感受，無論是心底的情緒或是身體的不舒服，問問自己：「我的內心正發生什麼事呢？」把感受寫成以下的「思維記錄」，如下表。填上日期和時間，並且在「自動化思考」欄位內寫下當時出現的想法。還有，仔細觀察自己對於這些想法的篤定程度有多少，最低一分（根本就不相信），最高十分（幾乎百分之百肯定）。

日期和時間	情境／事件	自動化思考	感受	想做或已經做了的事
	哪些事件或想法、念頭、心理意象導致這些負面情緒？	哪些想法或心理意象（如，自毀觸發因子）在心中浮現？你當時多肯定這些事？請用一到十來評分。	在當下感受到哪些情緒或是生理反應？這些情緒／生理反應有多強烈？請用一到十來評分。	你的感受讓你想要做出什麼事。以及實際上真的做了什麼事？

接著回想一下：「這些想法出現之前，發生了什麼事情？」在「情境／事件」欄位中記下事件細節。這個事件可能是外在而可以觀測到的客觀事件，也可能是內在事件，像是回憶起過去發生的某事，或是對未來事件的想像情景。譬如，因為沒有把客戶服務好，所以在會議上遭責罵。

下一步是「感受」欄位。想想當下感受到的特定情緒，把情緒的細節連同感受的深刻程度一起寫下，程度一樣最低為一分（隱約感受到），最高十分（明顯、強烈的不適，導致當下失能，完全無法處理別的事情）。要是感受到生理反應，也把反應內容和激烈程度用一到十分記下來。

現在是最後一欄「想做或已經做了的事」。針對這些負面情緒，你想要做出什麼行動來回應？躲在家裡不出門？怒吃甜點？對人暴吼？要盡量誠實，檢視這些負面感受出現的當下，你有哪些本能反應，還有你忍不住想要去做的事。如果你真的因負面情緒做出行動，就把行動細節描述出來。

愛麗絲向來不太懂得處理感情，也不知道什麼才是「對的」戀愛關係。她小時候雙親就離婚，在那之前她只記得爸媽一直吵架，所以她覺得在這方面沒有可以學習的好榜樣。此外，她在一間小辦公室裡擔任圖書管理員，沒什麼社交活動。她對於感情這件事沒有多少把握，而先前也曾經歷相當挫折的戀情。

愛麗絲因為自己內心的不安全感，常與人首度約會之後就告吹了，因為她永遠可以挑出對方的毛病，像是學歷不好、頭有點禿等等。如果對方對她有意思，她還會覺得對方八成有問題。就算兩人真的開始約會，關係也不長久，因為她總是想主導兩人的關係，還有當兩人沒在一起時，她會不斷要求對方即時報備他在做什麼。

遇上艾略特後，一切都變了，他的任何一切都讓她滿意，約完第二次後，又約第三次，結果愛麗絲終於談了戀愛，非常欣喜。兩人交往了幾個月，常常膩在一起，整天互傳訊息，平日下班後也會出來吃飯聊天，假日更是長時間在一起。愛麗絲真的很喜歡艾略特，只是心底還有一絲絲的遲疑：雖然艾略特已經多次向她保證真的有把她放在心上，可是愛麗絲怕艾略特總有一天會對自己煩膩，所以表現得很欠缺安全感，常常質問他傳訊息給誰，或是他們分開時他都在做什麼。

後來艾略特旁邊來了一個新的女同事，愛麗絲一直懷疑艾略特會對她動心，常常在上班期間打電話查勤。就算兩人出去約會，艾略特對服務生的友好也會使得愛麗絲覺得他在和女服務生打情罵俏。艾略特用盡全力要讓她安心，但她還是一直改不了這些行為，最後他受不了了，告訴她：既然妳一直怕我劈腿或是喜歡上別人，我們乾脆分手算了，因為妳一直對我不滿，而我也厭倦了自己什麼都做不對的感覺。這個結果，進一步印證了愛麗絲自己的深層恐懼：她不配被愛，沒有人願意長期陪在她身邊。

是什麼在影響愛麗絲對事件的反應？是什麼觸發了她對特定情境的感受？答案是LIFE因素當中的「自我概念低落或不堅定」及「控制欲過度」。愛麗絲戀愛的對象不是她自己，是另一個人，而這個人的想法、感受和行動都是她沒辦法直接控制的。她想要控制超出她掌握範圍的事。她面對無法掌控之事所帶來的不適感，拿出來的反應是去質疑或是想指使另一半的行為，當然這會造成反效果，沒有人想要被管得緊緊的。愛麗絲的情史，反映出她的行為帶出來的後果——或者是因為她缺乏掌控感而主動結束關係，或者是另一半受不了她的猜疑和控制狂行為，於是提出分手。長期下來，這些失敗的感情讓她在感情上的自我概念非常不穩。前一段感情給她的不安全感，會讓她在下一段感情中更想要嚴密管控一切，結局就是葬送了情路。正因為她所做的行為不斷傷害自己的感情關係，所以她想尋求完美感情的目標才無法成功！

要是你感覺被焦慮、哀傷等情緒壓垮，意味著你應該回頭審視一下，這些情緒出現以前，你內心的思考過程。愛麗絲寫出了她的「思維記錄表」之後，終於看明白了：當艾略特沒有回應她的訊息時，她內心的衝擊是什麼，也看清楚了從事件到思想、感受以及行為的整串順序，更能清楚列出她個人專屬的「自毀觸發因子如何觸發負面感受」的過程。

日期和時間	情境／事件	自動化思考	感受	想做或已經做了的事
八月十五日下午三點	致電男友兩次、傳簡訊一次，沒有回應。	他一定在做什麼糟糕事，像是搞外遇。七・五分。我可能做錯什麼事情，讓他不喜歡我了。九分。	焦慮：九・五分 悲傷：八分 憤怒：六分	狂打電話到他接為止。等他接起電話，要求他詳細報告人在哪裡、做了什麼。

現在你已經知道想法、感受和事件會對行為有什麼影響了，也知道若能停下來仔細檢視內心的一連串連鎖發展，就能夠揪出觸發自毀的因子，也能知道自毀的行為是怎麼進入這一連串過程的。

接下來，我們來傳授一些轉換想法、舒緩感受的技巧，讓你出手處理這個連鎖發展，避免最後出現自毀行為。確實，辨識自己的感受，改變內心的想法，是件辛苦的事情，但一旦找到了施力點，就會變得輕鬆了。以下有好幾個對你有幫助的練習，請確實操作，找出對自己最有效的技巧，成為你對抗自毀行為的法寶。這些努力一定是值得的。

首先，我們先來看三個改變想法的技巧。

卸載自毀觸發因子

並不是所有想法都相同。有些屬實，譬如「我即將在銷售大會上發表演說」，有些則偏離事實，不一定是真的：「我在銷售大會上發表演說，一定會慘敗下臺！」要是某個想法會讓人走偏而步入自毀，我們就應該要出面挑戰這些想法，找出辦法來修改思考模式，才能消滅自毀觸發因子，並且減低想法對於感受和行為所造成的衝擊。

我們可以採用左邊三個方法來扭轉思想，每個方法都很不錯，可以幫助你質疑自己內心的想法，改用正確的角度來觀看自己的思維。不妨每一項都試一試，因為你可能會發現其中一項適用於某個特定情境，而在別的處境中，另一種方法更合用。

1. 質疑你的想法
2. 修正你的想法
3. 減緩負面想法的衝擊力

想法是內心的事件，反映的是我們對周遭世界的解讀和意見。你對某件事物的想法，通常和更早的、既存的因素有關，包含以往的經歷、小時候學習到的事物、人的性格特質和天生性情等。人經常被想法所挾制，把自己的想法當成事實。笛卡兒的名言「我思故我在」換成現代語言應該是「我這個人怎樣想，我就是那樣的人」，由此可知想法對於人的感受和行動有著極為巨大的影響力。當我們心情不佳，或急著想解決難題的時候，很容易忘記想法不等於事實。想法只不過是人建構出來的言詞和意象，我們自己把意義賦予到這些想法上，決定其重要程度，還有選擇要不要加以行動。其實，我們也能夠主動來檢視想法。

拆解方法#1：質疑你的想法

請看這個句子：**想法不等於事實。**

我們會輕易相信自己對自己說的話。這些話在我們腦海中出現時，聽起來很正確，很確實，但說到底，這些都不過是我們的內心自言自語而已。我們看待自己、看待外界環境的角度，以及我們如何認定自己是誰、自己在別人心目中的模樣，其依據都不完全是事實。我們的早期經歷或生命中的重要人物帶來的影響，會讓某些自卑想法經常浮現，若我們太相信自身的想法，就會依據這些想法採取行動，然後問題就來了。

不過，從好的方面來看，這些自毀觸發因子其實沒能耐影響你的行為，除非你願意相信它們是真的。要是你不相信某個想法，就不會依據這個想法而行動。例如，要是有人跑過來大喊「失火了」，但你看不到哪裡失火，你就不可能起身避難。只有在你相信真的失火了，你才會收拾重要物品衝向出口。所以，不妨適度質疑自己的想法，這樣可使自己經過周全的考量之後，才做出選擇，採取行動。學習時常質疑自己的想法，並且將想法視為內心發生的事件，而非對於事實的描述，能讓你停止把負面的想法當作是不可撼動的絕對事實。只要能降低負面想法的可信度，就能讓你心情變好[2]。看清楚想法的本質，你就比較不會動不動就在心中湧出強烈的負面感受來回應外在事件。

以下兩個練習能讓你經常質疑自己的想法，確保你不會高估事實的嚴重性，也能讓你培養出好習慣來質疑想法，判別這些想法是否符合現實。這樣一來，你就可以放下那些可能阻擋你達成目標的錯誤想法。

練習：檢驗證據

這個練習將可以：幫助你辨識出會引發負面感受的想法，接著透過證據來檢視：此想法是否準確反映了你的處境。本練習的目的是要讓你管理那些失控的過度反應，以及這些反應造成的衝擊。

在日誌內寫下一個最近讓你很不舒服的想法，接著用一到十分來評估這個想法的可信程度。

接著，問自己下面六個問題，來討論你剛寫下的想法。把答案也記在日誌裡頭。

1. 有什麼證據顯示這個想法是正確的？（具體列出足以證實這個想法的客觀事實。）
2. 有什麼證據表示這個想法是錯的、是不完全正確的？（照樣列出客觀事實。）
3. 這個想法夠周延嗎？（是否對整件事或整個情境提供完整、中立的觀點？）不夠全面的話，有哪些遺漏掉的因素？
4. 若這想法只是部分或有時正確，那麼哪部份正確？何時正確？
5. 過去什麼經歷會讓你產生不同想法？
6. 這個想法是否反映出六大自毀觸發因子嗎？（是的話，反映出哪幾項？）

檢驗完證據後，再度從一到十對該想法的可信度評分。

當愛麗絲靜下心來做這項練習時，馬上就找出可能導致她步入自毀之路的想法。她的日誌大概是像這樣：

想法：要是我男友沒有立刻回覆我的訊息，就代表他不愛我。

可信度評分（一到十）：8分。

1.有什麼證據顯示這個想法是正確的？（具體列出客觀事實。）通常的情況下，不讀不回就代表沒有興趣。我以前和其他人約會時常常遇到這種情形，而且我前男友以前就常無視我。

2.有什麼證據顯示這個想法是錯的，或是不完全正確的？（照樣列出客觀事實。）他以前若沒有立刻回我，通常會盡快找個方便的時候回覆。有時候我傳訊息的當下他沒有在看手機，或去開會。要是時間拖太久，他沒辦法趕快回我的話，每次他都會道歉，也會解釋他沒回我的理由。

3.這個想法夠全面嗎？（是否對整件事或情境提供完整、中立的觀點？）不夠全面的話，有哪些遺漏掉的考量因素？遺漏掉了他的情境，例如他可能在開會很忙，或手機訊號不佳。

4.要是這想法只是部分或有時正確，那麼哪部份正確？哪時正確？如果他在的地方不能用手機，我就沒證據說是他不想回我。

5. 過去什麼經歷會讓你產生不同想法？之前某次我一直連絡不到他，他就跟我說對不起，還有解釋發生了什麼情況。

6. 這個想法是否反映出六大自毀觸發因子？（是的話，反映出哪幾項？）揣測他人想法（臆測他在想什麼）、否認正面事物（沒顧及他以前的作為）。

「艾略特沒有立刻回簡訊表示不再愛自己」，針對這個想法，愛麗絲重新做了評估。檢驗完證據後對可信度的評估（一到十分）降低為三分。

愛麗絲做了這項練習，就察覺是她自己太急著下定論了。艾略特極少會長時間沒有回覆，就算那樣也有充分理由。他不會故意隱匿自己人在哪，或是發生什麼情形讓他沒辦法連繫。知道這點後讓愛麗絲的心情平復下來，不再那麼激動，也減少她平常難過時就衝動行事而導致自毀的可能性。

這項練習對於「非黑即白的二分思考法」、「過度類化／災難思維」以及「否認正面事物」等方面的自毀觸發因子特別有效。

練習：假裝跟朋友講電話

批評我們最狠的人，常常就是我們自己。我們的自我對話常常很犀利，完全不同於我們跟別人說話的方式。通常我們對別人就很和善、溫柔、有耐心，對自己則不是那樣。也不知道為什麼，我們對他人的體諒，沒辦法套用到自己身上。其實我們應該對自己更慈悲才對。幸好只要稍加練習，我們就能採用「對待他人」的方式來對待自己，而不是老是苛責自己的想法和行為。若對自己嚴厲，只會讓你的自毀變得更加嚴重。

下次你出現負面想法時，不妨模擬「你和閨密或摯友說話的方法」來自我對話。此時你會告訴自己什麼？你會如何安撫自己、讓自己放心？你會給自己什麼建議？就算你沒有立刻對自己展現寬容慈悲的態度，「跟朋友講電話」這個練習也能幫助你質疑腦中的想法，判斷這個想法是否客觀且不偏頗地反映出現況。

還記得本書〈前言〉那邊提到的人物貝絲吧？負面的自我對話對她造成很大的困擾。她因為飲食控制、減重計劃等早已筋疲力盡，為了激勵自己向上，她不斷嚴厲斥責自己「亂吃東西」或懲罰自己飲食控制失敗。但是，她愈指責自己懶惰、散漫、肥醜，她的內心就愈不舒服，接著更常觸發原先就已存在的「自我概念低落或不堅定」因素，導致自毀更惡化。

貝絲心裡不斷想著：我是個沒救的人，永遠沒辦法減肥……注定一輩子當肥豬，其他人看到我就噁心。這想法一直在她腦中盤旋。等到她真正仔細去聆聽自己對自己說的這些話，連她都被嚇到了，內容如此殘酷，她絕對不可能對朋友說出這種話。

於是貝絲想像：這番無情的話是她的閨密卡蘿跟她說的。當她聽見卡蘿這樣說，第一反應是「卡蘿太惡毒了！」同理，只要你換個立場，想像是你親近旁人講出這種話，你一定聽不下去。

於是貝絲再次開始構思更寬容的自我溝通方式，目的是原諒自己的不完美，也允許自己改正錯誤，並從當天的下一餐開始選擇更健康的餐飲內容。換新的方式來思考她的減重之路，讓貝絲不再覺得那麼絕望了。

這項練習對於「揣測他人想法」、「自我針對」以及「應當」等三個自毀觸發因子特別有功效。

以上，就是如何質疑自己的想法，讓你知道自己的想法是否準確。接下來，我們要看看如何修正自己的想法，讓想法更符合現實。

拆解方法#2：修正你的想法

壓力有時候會開啟自毀觸發因子的連鎖反應（想法→強烈的負面感受→出現自毀行為）。有些事情一開始只是個小問題，最後卻擴散開來變成大災難。只要轉變想法，打破這個連鎖反應，就能降低自我打擊的情況。

「修正想法」不等於永遠認為這個世界充滿陽光，有飛舞的蝴蝶和美麗的彩虹。「修正想法」的目的是讓你擺脫畏懼感，心理上才不會過度重視「避開威脅」，壓過了「獲取獎賞（達成目標）」的重要性。你的心會欺騙你，把「威脅的感覺」無限放大，但實際上明明就是你能應付得來的事情。只要修正想法，就可以在看見挑戰的同時，也做出實際的評估，而不是跟著挑戰起舞。雖然要改變思考模式一開始會有點困難，但就像學習任何一種技巧，只要下功夫，總有一天就會變得像第二本能一樣熟練。

採用自毀觸發因子的思考模式時，會扭曲實情，而且容易打擊你的自信心，減低達成目標的可能性。只要改變你的想法，就能夠削除或是控制住你的自毀觸發因子，中斷自毀的連鎖反應。為了改變想法，你可以刻意提出相反的看法，來測試某個想法是否為真，並且幫助你建構出更平衡、更實際的替代想法。試試看以下的練習吧。

練習：跟自己唱反調

大家可能很熟悉「唱反調」的技巧，又稱魔鬼代言人，基本上就是拿出反方論點，以便檢驗某個觀點是否為真。重點在於學著轉換觀點思考，然後經常使用反方論點來挑戰自己的想法，而非全盤接受自己的想法。這種方法有科學根據，且獲得許多公司和團體使用，來提出有建設性的問題。這麼做也可以刺激出深刻的思考，讓你避免「為了想合群而盲從」[3]。接下來就要來練習這個技巧，挑戰那些困擾自己的想法。

在這個練習中，你必須採用完全相反的念頭，來挑戰你的自動化思想，並且列出證據來加強新思維。這麼一來，你才有力量和證據，以便將新的想法融入你的現況。

請在日誌上寫下讓你心情低落的憂慮或負面想法，然後給它們的可信度評分，從一到十。接著在這些憂慮或負面想法之下，寫出完全相反的觀點。寫好這兩組相互牴觸的想法後，用五分鐘寫出「支持新的、正面想法」的理由，盡量列出事實和證據，而且盡量具體明確。完成後，再一次幫舊想法的可信度打個分數。理想上，你會像愛麗絲一樣，察覺起初的負面想法禁不起挑戰。

愛麗絲做這個練習時，她寫下的想法先是「他不喜歡我了」，並把可信度評為七分。接著提出反方觀點「他還是喜歡我」，然後找出以下五個證據來支持新想法。

1. 他遲到的時候，會為自己的遲到致歉。
2. 他在工作上要處理大案子，而且有團隊成員離職。
3. 他說等這個大案子忙完，我們就能一起享受美好時光。
4. 我昨天沒有主動傳訊息給他，但他還是有傳了幾個有趣的表情符號，還有一則可愛的訊息給我。
5. 他說以後我們要一起做某些事，而且每次約會結束前，他都會約好下次要做什麼。

我請她把這些證據一一大聲朗讀出來，然後問她考量這些證據的時候有什麼感受。

她承認，自己居然一下就咬定對方不喜歡自己，這樣實在太傻啦。我請她依照這些證據，再幫原先的負面想法重新評分，結果變成只剩下一分。

做這項練習讓愛麗絲換了個心情，並且轉換對外界情境的觀點。日後遇到她「非黑即白的二分思考法」這項自毀觸發因子的時候，她不再跟著起舞，毀壞她與男友的感情了，而是決定採取行動，支持並關懷男友。當她在辨識出原先的負面想法不符合事實的同時，也連帶避免出現自毀行徑，而且修正原先的想法來符合實際狀況。這個過程對男友、對感情產生了更多正向情緒，也對他做出更多的關愛舉動。

這項練習對於「非黑即白的二分思考法」、「過度類化／災難思維」，以及「揣測他人想法」等自毀觸發因子特別有功效。

練習：對啦，可是

運用「對啦，可是」的簡單句型，就能修正想法。這個便捷的方式能在修正想法的同時，不僅正視情境的艱難處，也帶來希望的曙光。你可能記得小時候要跟大人爭辯時，常常會說「對啦，可是」之類的話吧！在做這個練習時，採用「對啦，可是」來創造出替代想法，能讓你體認情境中的壓力（沒錯，我真的蛋糕吃太多），但也體認到自己可以用積極的行動，改變已經發生的事；而自己若有做得好的地方也值得一提（不過，我這幾天都有乖乖遵照飲食計畫，而且下一餐要吃健康沙拉）。

「對啦，可是」的目的不是要你把不良行為合理化，而是要認可：雖然自己偏離目標，雖然自己不完美（世上哪有完人？），可是小偏差不等於永遠都回不去了。你還是有做對一些事，或是已經（或即將）採取行動來讓你重回正軌，朝著渴慕的目標前進。用「對啦，可是」，你就能夠主動承擔過錯，然後放下它，接著認可自己已採取、也將持續採取正面的行動。

所以，只要注意到自毀觸發因子出現，就能用「對啦，可是」的句型來回應，在「對啦」還有「可是」後面填入需要的話。如果想要有更強烈的效用，可以在日誌裡面寫下「對啦，可是……」的空格來當參考，提醒自己你已經辨認出情境的好壞兩面。

拆解方法#3：減緩負面想法的衝擊

我們身上最常出現的觸發自毀因素，其實最大的問題在於：它們無所不在，而且若不處理的話，會使你做出愈來愈糟的行為。而且，這些想法會對你的感受與行為，帶來深遠的影響，使我們允許那些負面想法去決定自己看待世界的觀點還有態度，更會在不知不覺之中，採用這些負面能量來定義自己。結果，「我永遠都不可能擁有圓滿感情」這類想法，就變成你的信念。

我們在日常生活中常會忘記：我只是「有這些想法」，但我「不等於這些想法」。我們很難退後一步來質疑或修正這些想法。有時候我們在人生中會遇到極大的、可能會改變我們人生的壓力事件，導致某些負面思想看似為真，或至少當時看來是真的。碰到這樣的情形，與其強迫自己改變想法，不如換個策略，設法降低這些負面想法造成的衝擊力道。

學者史蒂芬・海斯（Steven Hayes）[4]提出了一個叫作「認知解離（又稱認知脫鉤）」的概念，指的是採用一種抽離的方式去觀看自己的心思。從「認知脫鉤」又發展出許多技巧，有助於處理各種難題，可以打斷「從想法到情緒到行為」的連續進程，並且讓想法和感受之間出現空間。其實，我們不一定要允許想法帶來情緒，然後產生實際行為。有時候，想法根本就不需要和情緒或行為有任何牽連！就算有了自毀觸發因子，也不表示接下來一定會出現自毀的行為。「解離」能有效打破這連串事件，免得一直往下沉淪而墮入自毀。這個技巧可以減低負面想法的關聯性，避免負面想法對你的感受和行動產生影響。

「認知脫鉤」可助你理解「想法」其實只是心理活動，而不是真確的事實。這個技法不是直接去質疑「想法」是否真實，也不是嘗試讓「想法」不要那麼常出現。其實，認知脫鉤只是讓你不要沉浸在那些負面思想中，使你採用更靈活的方法和自己的思考流程互動。這個技法可以讓你與想法劃出界線，並且破除「自毀觸發因子帶來強烈情緒，然後引發自毀行徑」的常見進程。

要去除拖垮你的負面想法，有個實用的練習是去理解「我，和這些想法，是分開的」。每當你的腦海中出現了負面想法，讓你覺得必須要快點拉開間隔，否則你就要開始做出自毀行為了，此時以下這種練習就特別好用。

練習：為你的想法取名（替它貼個標籤）

「貼標」這個技巧，是用言辭來標示出你的想法是什麼：它只是你內心的活動。你是獨立的個體，你雖有這個想法，但這個想法是另一個實體，它不是你，它也不能操控你，你才是主宰，你知道你的想法在幹什麼。你可以透過「評論自己的想法」來區隔你與想法的距離，這樣可以使得負面想法沒那麼急迫，沒那麼真實，不必據以行動。

下次注意到負面想法時，可以在開頭加上這樣的語句：「我正在想著……」舉例來說，你察覺自己出現了「我永遠都找不到新工作」這個負面思維，於是把它改成「我正在想著：我永遠都找不到新工作。」

加上簡單的「我正在想著……」語句，能對原本的負面想法帶來什麼效果，你注意到了嗎？效果是，彷彿你已經把這個負面想法從腦海中抽離出來，放在檢驗檯上進行評估，確認它是否符合現況。這個技巧不僅幫助你把「負面思考」與「自己」區隔開，還能在身、心層面隔離自毀觸發因子，使你不要把負面想法當成事實，不要用負面想法來預測未來。對自己說「我正在想著……我永遠都找不到新工作（自毀觸發因子：過度類化／災難思維）」就能提醒你，想法只是個內心活動，不是真正的你，也不見得反映出現實。那個念頭只是單純的出現，不表示你認定的最糟狀況、你擔心的事一定會成真。

你也可以再加一句「我注意到」：「我注意到，我正在想著：我永遠都找不到新工作」。「我注意到」的用意是在強調，你是個主體，你主動注意到自己的想法。你覺察到負面想法，而且將它貼上適當的標籤——它只不過是個內心活動罷了。

上述這種句法，不但可以營造出心理距離，還可以創造出實體世界的距離。請用筆在日誌上寫出你原先的負面想法，接著在同一行、原先負面想法的前面，寫出「我注意到⋯我正在想著⋯」的句型。現在退後一步，看看原先負面想法在頁面上呈現出的感覺。多加的這兩小段話，使得原先想法遠離你更遠了。負面思緒不只在實體上離你更遙遠，也在情緒上遠離了你。這一層距離感可以使你降低負面想法的力量，以及伴隨著負面想法出現的強烈感受。

我們現在來看看這個練習對於傑克（上一章提過他）產生的效用。傑克從小就受到父母的高標準要求，所以他的內化信念是「完美主義」。雖然現在傑克已經長大了，但他已把父母的聲音內化了，一直不斷想尋求外界的認可。因為傑克執意追求完美，而且經過數十年的重複強化，要他質疑或修正想法相當困難，他也不太容易去挑戰那些困擾他的觀點，或提出相反的觀點。對他來說，比較適合減緩既存的負面想法之衝擊力，讓他與自己的想法疏離。

最近公司的升等又沒有傑克，這正是個好機會，可以實測「認知脫鉤」法。老闆說他滿意傑克的工作表現，但決定按照年資來升遷，也承諾讓傑克當第一候補人選。雖然這個解釋合理，可是傑克覺得自己應該要獲得破例晉升，同時覺得自己沒獲得升等，表示他實在太失敗了。他一直不斷卡在「我永遠都不夠好」的想法裡。他也曉得這是一種自毀觸發因子（非黑即白的二分思維），但偏偏很難質疑自己的想法，更遑論要去修正想法。因為他是典型的完美主義者，總想用高標準來要求自己。

我請傑克使用貼標籤的技巧來標示自己的想法，於是他在日誌上寫道：

我正想著……我永遠都不夠好。

我讓他為這個想法建構一個新的句子，在前面加上「我注意到」的句式。他寫道：

我注意到……我正想著……我永遠都不夠好。

接下來，我要他實際移動身體，站到日誌本上緣那邊，這樣他最接近的字是「我注意到……」，而離原先的想法「我永遠都不夠好」則距離他很遠。

再來，我指引他把新完成的句子唸出來，目的是鞏固學習成效。他唸完後，我請他談一談他對原本的負面想法有什麼感覺。他說：「當我察覺，原先的負面想法只不過是個念頭，這個想法就變了，好像沒那麼真實了，或者說不用真的當它一回事……」

做這個練習讓傑克感到平靜，並且減緩他的職場焦慮感，不必更拚命想證明自己實力，還讓他有機會認清：這次沒升職，問題不在於他有沒有努力，其實他已經很不錯了。他願意試著相信老闆的話，下次公司要提拔人時會輪到他，因此他充滿了希望。

這個練習特別對「應當」、「過度類化／災難思維」，以及「自我針對」都很有效。

把想法貼標籤，就可以看出「想法」並不等於「真相」。想法就只是想法，不見得反映現況，所以你不用被想法操控。想法會來來去去，不要讓它們常駐心底，最後就會淡去。我們不必一路往下墜落進入自毀的深淵——不要堅信自己的想法，以免受到負面衝擊，產生自毀行為。

好，現在你已經學會一些有助於卸除自毀觸發因子的方法。接下來要來看看自毀進程的下一個項目：感受。要是你發現自己因為負面感受而喘不過氣，讓你做出自毀行動，你可以重新設定自己內心的感受。我這就來解釋要怎麼做。

重新調整感受

到目前為止，本書花了許多篇幅在談想法，但感受也會對行為造成重大的影響。欠缺感受的生命想必會很沒意思吧！感受是讓我們體驗世界、與他人連結的重要因素。感受的功能在於讓我們與親人感情更緊密、警告我們危機臨頭、讓我們細細品味人生等。難怪，感受對人的行為會帶來極為強烈的影響。

為了深入瞭解感受與行為的緊密連繫，可以先瞭解感受本身是什麼、如何發揮效用。感受可以細分為情緒和生理反應，兩者都能在內心表達出來（心裡感到憤怒），或是從外在觀測到（氣到發抖），且都可以促使你做出正面有成效的行動。但在某些情況下，也會觸發自毀行為。現在就來分別探究情緒和生理的感受，並瞭解它們導致自毀的情況。

情緒與感受

情緒很複雜，沒有一致公認或可以簡單說明的定義，但若你想要有比較明確的定義，有一種說法是「情緒是一種針對內部或外部的重大事件，所產生的心境、情感反應，而且會造成生理或心理上的變化，影響到個人行為」[6]。用白話解釋就是：情緒會直接影響到行為，而且是人類做決策、思考、規劃的重要基本元素[7][8]，讓我們得以生存[9]。情緒有正、反兩面，也有處於兩者之間的幽微層面。當我們情緒特佳的時候，會覺得自己站在世界之巔；當我們受到負面情緒轟炸時，感覺像是落入萬丈的深淵。

情緒有時候會突然冒出來，但實際的感受則是取決於心理學家所稱的「認知評價」——人就是透過這個過程來將事件、情境和物體賦予意義，而這個意義則會啟動情緒反應。不妨這樣想：你很愛狗，在路上看到一隻可愛的小狗狗，你會覺得很開心。但是，要是你曾被狗咬過，看到有狗朝自己跑過來，你可能會被嚇到，想躲得遠遠的。兩個例子中發生的事件相同，但你對情境的解讀是好是壞，會引發不同情緒，帶出不同的行動。

到頭來，情緒本身就是一種反應，不會憑空或沒特別緣由就出現。情緒都是對某件事情的反應，這個事件可能是一個想法或回憶等內在刺激物，也可能是外在的因素。例如到海灘（這是外在事件）可以讓你感到愉快，而幻想著自己身處海邊（以思想形式存在的內在刺激物）也同樣能讓你感到愉快。所以，如果你的情緒讓你感到吃驚、感到失控，只要記得這些都只是對某件事的反應，就能夠讓你避免衝動行事，做出將來後悔的事情。愈能體悟到造成某情緒的原因，就愈能管控這個感受，也更能覺得心神穩定。

生理反應與感受

生理反應就跟情緒一樣，不會莫名其妙就出現。生理反應通常指的是身體對於壓力源產生的自然、自動的反應，而壓力源包括自認的危機。回到前面講的路上遇到狗的情境，要是你喜歡狗，可能會注意到自己臉上露出微笑；若你怕狗，可能會開始胃痛、退縮。壓力可能是外在的，和環境或情境相關（例如地震），但也可能是源自於內在感知或負面回憶，讓人經歷到悲哀、焦慮、愧疚等情緒。通常，如果我們判定自己無法處理眼前（或想像中）的困難時，就會覺得情況很危險。不管是真的嚴重、攸關性命的情境，或只是你內心認定的危險，你對事件的感知可能會激起身體的連鎖反應，包含心跳速率改變、呼吸速率改變、皮膚溫度改變、核心溫度改變、盜汗、發抖、噁心、胃絞痛、頭腦昏沉等。這可不是鬧著玩的。

情緒看似無來由就出現了，但生理反應會出現明確且迅速的一連串現象。目睹或聽聞某個造成壓力的事情，這個資訊會傳至大腦，在杏仁核中處理（它常被稱為腦袋的情緒處理中樞）。然後這個訊息會送到海馬迴（調節神經系統的中樞），海馬迴分泌出腎上腺皮質激素，接著擴散到共感神經系統，觸發負責「戰或逃」的腎上腺體，讓身體做好預備來應付緊急狀況，將緊急信號傳遍體內各部位。在這樣的狀態下，你會加速呼吸來運送更多氧氣到血液中，心跳率也會提升來加強循環，部分肌肉則可能會蹦緊來預備行動（所以有些人會發汗，覺得皮膚上的毛都豎起來了）。

生理反應只要辨認出來，就可以加以管控（這與情緒類似）。但假設我們沒辦法處理生理反應呢？或無法處理情緒呢？此時壓力會暴增，讓負面情緒不斷累積，我們也會有一種迫切想做些什麼來脫離壓力的強烈感受。而這時做出來的行動，對我們可能不是什麼好事。以下就讓我說明吧。

感受帶出行動

在好的方面，感受可以提供我們強烈的動力，讓我們做出反應，拿出行動，讓我們可以掌控環境和生活。但感受的缺點在於，會讓我們輕易從「追求目標」的路上偏離，一路滑坡進入逃避。避開不適，聽起來合理，但是，任何值得追尋的目標，通常都伴隨著潛在的恐懼、疑慮和不確定性。感受還有個麻煩之處：我們對於事態嚴重性的感受，以及對於危機的感受，往往會讓人陷入過度逃避的心態。

調節自己的感受

有的時候，儘管我們已經努力卸除自毀觸發因子，感受的強度也稍微降低，但感受依舊存在，依舊催促著我們去做點什麼，來避開或去除那些令人不快感知。我們要先體認到「想法和感受之間相互牽扯」，接著加以克服，才不會墮入自毀的深淵。感受不會無緣故冒出來，而且就算感受再強烈，你也不用任它們宰割。你可以奪回主導地位。

所以，除了卸除自毀觸發因子，我們也要培養一些技巧來調控強烈感受，將感受維持在我們可以處理的範圍內。你的內心自然想要讓情緒處於平衡狀態，所以調節感受能讓你重新整頓內心的感知，回到心靈覺得舒適、能持續運作的狀態。

幸好，前面我們已經學過調節感受的第一個方法，也就是加以標示（貼上標籤）。畢竟，要是偵測不到問題，就無法決定良好的規劃歷程。你已經在第一章的「小撇步：觀察兩組ＥＴ」練習（第九十一頁）和本章一開頭的「思維記錄表」練習（第一〇五頁）當中，做過了辨識與貼標的技巧，並描述了促發負面情緒的事件，學會了如何解讀激起這些感受的事件（或想法）。

我們現在已經知道導致負面情緒的事項和原因，現在就來看看，如何把感受控制到你可以應付的程度，這樣才不會做出自毀的衝動反應。你可以用不同的角度來處理你的想法，包含正面應對，或拉開距離。同理，你可以用類似方法來處理感受。多試試以下這幾種練習，可找出對自己效果最好的個人絕招。

練習：情緒實體化

強烈的感受可能會導致你失控。這個練習我很喜歡，它能讓我重拾對環境的掌控。能夠掌控環境，我們才能感到安心，這也是任何一種自我實現追求的基礎，使我們可以完整發揮潛能。著名心理學者馬斯洛（Abraham Maslow）開創出一個關於人性動力的金字塔理論，從最基本的溫飽需求，到終極的自我實現需求[10]。想進入金字塔的更上層級，就必須要先完成底下的層級內容。所以，要是身心安全這類的基本需求沒獲得滿足，就沒辦法進入更進階的自我發展。這理論相當有意思，我們會在第五章（步驟五）細究。

通常，負面或強烈的情緒看起來很嚇人，因為很難捉摸，欠缺明顯的界線範圍，會讓你的內心有種看不到盡頭的感覺，所以情緒上無法安心下來。恐懼、悲傷、憤怒、內咎或羞愧等種種情緒，會給人非常可怕的感受，因為我們覺得它們有多嚴重，它們就有多嚴重！在感受到它們的同時，我們的心智還會忙著擠出一堆「萬一」的情況，想預先想好或逃避任何潛在的危險，好讓我們活下去。

只要把棘手的情緒加以實體化，就比較好應付了，也會給人可以掌控的感覺。任何具象的物體都有個開端和結尾，就連大峽谷般的巨大空間，也有清楚的邊界。學習把可怕的感受對應到某種形狀、大小和顏色，真的能幫你將它視為可掌控的事物，從而提升你克服這些感受的能力。

在練習「將情緒實體化」的時候，請想想一種困擾你的情緒，然後寫到日誌裡吧。調整到輕鬆的姿勢，深呼吸幾次，接著想像進入到身體內，要找出代表情緒的實體物，輕輕把它拉出來，擺到自己面前。這個情緒像一小團黏土嗎？它像一個大顆的保齡球？或是一塊積木？接下來，請你用五感來觀測這個代表物的樣態。

外觀：它的外貌如何？什麼顏色？尺寸多大？形狀和輪廓呢？

觸感：光滑還是粗糙？輕或重？暖或涼？

聲響：安靜或是會發出聲音？發出什麼樣的聲音？請描述出來。

氣味：有氣味嗎？好聞嗎？還是很臭？

口感：若輕咬一口，是苦的？酸的？甜嗎？還是綜合口味？

把答案寫到日誌內，盡可能給它（情緒）賦予具體的規格。要是你會畫畫，也可以把情緒的樣子畫出來，外加一些物理性質的說明。

把它明確視覺化後，想像用雙手去拿起它，接著想像：你正在擠它、壓它，要改變它的尺寸、形狀、重量、顏色。把它變小，這樣比較好處理。按一按、捏一捏，讓它變成只有一顆豆子的大小。完成後，把這個豆子大小的情緒放到口袋、皮夾或是包包裡。現在可以安心帶在身邊，它會提醒你，凡是巨大、形狀不明、擾人的情緒，都可轉化為具體、可控管的物體。現在你已經學會了這個魔法，有能力對付任何強烈而負面的感受，可以把它掌控好，變成更易處理、更安全的型態。這項練習不僅有趣，還可以把負面感受的力量抽走，把可怕的感受加以翻轉，就沒什麼好怕的了。當你感覺自己擁有更多掌控感時，就不會感受到那麼大的威脅，且更能夠繼續追求目標。

做完這個練習，你已經感到自己更能掌控感受，但還搞不太清楚下一步該做什麼。本章先前提到，感受會直接帶出行動。接下來的這項練習，目的在於促發一種「和當下的負面感受相反」的行動。比起原先負面感受可能促使你做出的行為，這練習可讓你做出更有效的行為，使你更朝著目標前進。現在就來看看實行方式吧。

練習：相反行動

剛才已經談過，感受會促發你的行動。每個感受（不管它是否合理，是否符合現實）都伴隨著某個急切、想做某事的意念。譬如，一想到要對大眾發表演說，你就害怕極了，這個強烈的「害怕」感受其實沒什麼道理（只不過是站起來對大家講一番話而已），但你依舊急著想找個理由躲過這次演講，例如來個大遲到，就不用上臺了。我們若順服著負面感受給我們的衝動而行事，只會讓負面感受的力道更強，最後導致自毀行為。

研究顯示，有個方法可以有效降低負面情緒的力道，就是做出「與自身感受相反」的事[11]。許多知名心理學者如大衛・巴羅（David Barlow）[12]、亞倫・貝克醫師（Aaron Beck）[13]、瑪莎・林涵醫師（Marsha Linehan）[14]、羅伯特・萊希（Robert Leahy）[15]等人都採行這個方法，來幫助個案處理負面情緒對生活造成的衝擊。人常常以為「我控制不了負面情緒」，但「相反行動」這個方法可以幫助你戰勝這種誤解，讓你明白：不必容忍負面情緒沒完沒了一直下去。

使用「相反行動」法，你就能削弱負面情緒，建立起自信，相信自己有能力在壓力下管控情緒。這樣的用意不是假裝這些負面情緒不存在，不是粉飾太平或壓抑，而是透過「採取與負面情緒完全相反」的行為，傳遞一個訊息給大腦：一切都OK的，我能處理這個情況，而且不必急著進入「戰、逃、呆掉」的模式，也不必按下「快躲避危險」的按鈕。許多時候，這些防衛措施只會讓你走上自毀一途。當你覺得安心、沒有受到挑戰的時候，就比較能夠掌控自己的情緒反應，拿出適當的行為，大幅減少自我毀滅的可能性。「相反行動」技巧可以扭轉情緒對於你的想法、身心狀態和行為的影響。只要你的感受被控制下來了，你就可以拿出行為，朝著目標前進。

接下來我們就來試試吧。首先，回顧一下本章一開頭「思維記錄表」最下邊兩欄。請寫出：壓力來臨時你的感受是什麼，尤其是你才剛處理掉一個自毀觸發因子，好不容易把它的功能卸除了，你的激烈情緒略微平復，但還是覺得心神不寧。

感受	想做或已經做了的事	用「相反行動」技巧可以怎麼做	重新評估你的感受
在當下感受到哪些情緒或生理反應？這些情緒或生理反應有多強？用一到十來評分。	你的感受迫使你想做出什麼事？（以及，你實際上做了什麼事。）	針對你急切想採取的作為，你可以拿出什麼相反的舉動？	再次寫下情緒和生理反應，並且在做完「相反行動」後，重新為感受的強度打分數。

接著，看看右表的第三欄：寫出你可以採用哪些「與當下感受相反」的舉動。以下提供一些幫忙發想的點子。

- 感到懼怕：做件能激起自信心的事情；做件你自認擅長的事情；做一件需要拿出一點膽量的事。
- 感到悲傷：做一件動態的活動；回報他人；打電話給朋友關心他近況；報名志工活動。
- 感到憤怒：試試關懷其他人；深呼吸幾次讓心思平靜下來。
- 感到拒絕：用電話、電子郵件或簡訊來連繫朋友；對陌生人微笑致意；對旁邊的人說些友善的話。

- 感到氣餒：鼓勵其他人；幫朋友打氣；做件可以獲得成就感的事（哪怕再微小）。

寫下這些「與當下情緒感受相反的事」之後，就去做吧！做完後，重新替前頁表格第一欄所寫的內容評分。你有沒有注意到，第二次的評分，強度下降了吧？多數人在做完「相反行動」之後，原先負面感受的強度會降低，接著若做出更多相反行動，則負面感受的強度會持續下降。多注意這些效果，你就愈能掌控自己的感受，也較不易衝動做出自毀的事情。

加強正向情緒

有時候，負面事件和想法會讓人感到情緒低落，但有個翻轉心情的好方法，就是在當下立刻去做一件能帶來愉快和欣喜的事情。就算這件事很小、很短，也都無所謂，因為它當下就可以讓你重整情緒，就不會走向自毀。

可參考下面列出的一些活動，分別取自〈成人休閒活動列表〉（Adult Pleasant Activities Schedule）[16]、〈休閒活動表〉（Pleasant Activities List）[17]。書末的〈附錄三〉還有五十項活動可以選用。重點是選用你自己覺得有趣、好玩、十分鐘內就可完成的活動。在開始前，記錄你的心情如何（方便起見，用一到十分來評，十分表示心情最愉快），活動結束後也記錄心情。若你能夠使自己的心情好轉，就可減緩邁向自毀的速度，且使得情緒變好，讓自己前往目標的道路更順暢。

1. 肢體活動——瑜珈、開合跳、快步走、跳舞。
2. 藝文與創造——塗鴉、作畫、手工藝品、寫詩。
3. 音樂——聽聽自己的愛歌、盡情唱出自己的愛歌、演奏喜愛的樂器。
4. 動腦——讀篇文章、拼拼圖、玩拼字遊戲。
5. 整頓秩序——清掃、整理物品、做規劃。
6. 互動——跟寵物或親人相依偎、捐贈錢或物、與人傳訊或通信。
7. 自我照護——沐浴、保養皮膚。
8. 刺激感官——嗅聞花朵或香水。

9. 專注——冥想、深呼吸。
10. 款待自己——喝茶、咖啡或健康點心。
11. 微笑——對其他人或鏡子中的自己微微笑。

本章告訴你，你再也不必相信自己的想法（雖然它感覺很真實），不必面對難以承受的情緒，它們只會聯手害你遠離目標，只會造成你的壓力，誤導你切換到「躲避危險」模式而走上自毀之路。以下還有一些練習，可以幫助你規律且有效地挑戰你的想法和感受，避免墮入自毀習性。

小撇步：跟朋友講電話（10分鐘完成）

這個練習可幫助你將負面想法攤開來察驗，質疑自己的想法（尤其是不符合事實的想法），然後修正它，迎來全新的思維。自毀觸發因子已經長時期潛藏在我們的腦中，從未攤開放在陽光下檢視，我們要不是認定它們是真相，就是依照這些自毀觸發因子來採取行動，因此它們對我們的感受和行為的影響力實在太大了。下次你察覺自己出現某個算是自毀觸發因子的負面想法時，請你拿起電話，打給信得過的親友，把你的想法告訴他們，分享是什麼情境或事件引發這個想法的出現。問問他們，你的想法符合事實嗎？請他們幫你補充，你是否有遺漏了什麼沒注意到。旁觀者的觀點可以讓你區分出哪些想法是合理的，哪些是自毀觸發因子在作祟。這樣讓你換個角度來看待那些深植在你心中、對你的目標有害的負面想法。

短版練習：提醒小卡隨身攜帶（24小時內完成）

本章提到，把「自己的想法」與「衝動之下想做的事」區隔開來，就能幫助我們看清這些想法背後的真相。若你容許負面想法不斷在腦中重複，久了之後它們彷彿已經取得「永久居留權」了，彷彿有權決定你該採取什麼行動。本章稍早我們做了貼標練習，在負面想法（它們只是內心發生的事件）與你本人之間，製造出一個想像的和實體上的距離。同理，這個練習可以幫助你在「你的感受與想法」及「你自己」之間，畫出一道界線，這樣你就能夠在大腦中騰出一些寶貴的空間，放置那些反覆出現的負面想法和可怕的感受。而你只要和它們短暫互動就好，不必進一步去放大解釋它們，或採取不必要的行動。

下次你再發現自己的自毀觸發因子出現了，或是可怕的感受出現了，就把它寫在小卡片或便利貼上，接著放進口袋、皮夾或是包包，在接下來的二十四小時內隨身攜帶。

若這個想法或感受再度冒出來時，就把卡片拿出來，讀讀自己寫下的內容，接著再收回去。提醒自己：不需要繼續記住這個想法或感受，因為你已經把它寫在卡片上了，又不會忘掉。只要一想到它，就拿出來讀，重點是讀完之後就不要繼續多想，不必硬是想找出這個想法是否符合事實。二十四小時過後，看看這個想法或感受，對你行為的影響有什麼改變。

長版作業：加強版的思維記錄表（7天內完成）

這個練習是請你記錄：當你的自毀觸發因子出現時，在衝動之下你想做出什麼舉動？自毀觸發因子出現時，經常伴隨出現的感受是什麼？你有哪個好用的技巧來避免自毀行動？採用這個好用的技巧之後，你的感受有什麼變化？

本練習可以強化「行動」和「感受」之間的連結。若你在壓力底下可以選擇做出對自己有益的行動，那就會對你的情緒和生理帶來深遠的影響。做了這項練習之後，你在本章中所學到的知識將可進一步提升，讓你知道，出手打破自毀觸發因子的循環，不僅能夠阻止自毀，還能讓你改善對自己或者對外界情境的感受。一般來說，想法會自然演進到感受和行動，但這一串連鎖效應內的任何一個元素，都可能反向影響上一個元素。

你可以把以下這個「加強版思維記錄」寫入日誌中，它結合了本章的「思維記錄練習」和「相反行動練習」。

愛麗絲覺得「加強版思維記錄」對她處理感情問題特別有效用。男友不管說什麼、做什麼，她還是不相信他是真心愛她。她動不動就用試探的方式來看他是不是真的在乎自己，像是故意起爭執，看他會怎麼做來討自己歡心。起初男友盡力討好她，久了就覺得很灰心，跟她說他不喜歡被試探的感覺，也不喜歡為了一點芝麻綠豆的小事不斷吵架。

愛麗絲記錄了最近男友忙著處理公事而讓她覺得遭冷落的狀況。她明確描述出自己自毀的衝動，包含出現了哪些自毀觸發因子和激動情緒，但她學會練習用「疏離法」、「跟自己唱反調」以及「做出相反行動」等技巧來避免自己衝動行事。

日期和時間	
情境／事件	觀測到哪些事件或想法、念頭、心理意象，導致這些負面情緒？
自動化思考	哪些想法或心理意象（如，自毀觸發因子）在心中浮現？你當時多肯定這些事？請用一到十來評分。如果有相對應的自毀觸發因子，請寫下類型。

LIFE四大自毀因素	自動化思考連結到哪些LIFE因素？ • 自我概念低落或不堅定 • 內化信念 • 畏懼改變或未知事物 • 控制欲過強
感受	你在當下感受到哪些情緒或生理反應？ 這些情緒／生理反應有多強烈？請用一到十來評分。
衝動之下想做的事	你的感受讓你想要做出什麼事？（以及實際上真的做了什麼。）
實際做的事	記下你運用的技巧 • 檢視證據 • 與自己唱反調 • 假想（或實際）跟朋友講電話 • 情緒實體化 • 相反行動 • 攜帶小卡片 • 加強正向情緒
事後感受	再次寫下情緒，並且在實行各個技巧後，重新為感受強度打分數。

愛麗絲成功辨識出自己會規律出現哪些行為，接著她阻斷了自毀行動的循環，再也不會從事不必要的爭論讓雙方都感到受傷，讓她更加缺乏安全感。成功做到這點，讓她明白自己能夠調節情緒來削減衝動，採用健康的方式建立掌控感。因為愛麗絲的頭號LIFE自毀因素是「控制欲過強」，這很可能會導致「災難思維」和「非黑即白的思維」（也就是她常遭逢的自毀觸發因子），這點可從她以下的「加強版思考記錄表」當中看出。愛麗絲看見，自己其實可以用正向的方式來滿足感情中的需求。

日期和時間		三月十日
情境／事件	觀測到哪些事件或想法、念頭、心理意象，導致這些負面情緒？	我男友真的一直在忙上班的事，讓我覺得孤單，被忽視
自動化思考	哪些想法或心理意象（如，自毀觸發因子）在心中浮現？你當時多肯定這些事？請用一到十來評分。如果有相對應的自毀觸發因子，請寫下類型。	他根本不在乎我（黑白思考法） 我們的感情沒救了（災難思維）

LIFE四大自毀因素	自動化思考連結到哪些LIFE因素？ • 自我概念低落或不堅定 • 內化信念 • 畏懼改變或未知事物 • 控制欲過強	控制欲過強
感受	你在當下感受到哪些情緒或生理反應？ 這些情緒／生理反應有多強烈？請用一到十來評分。	沒安全感：六分 悲傷：五分 憤怒：四
想做的事	你的感受讓你想要做出什麼事？（以及實際上真的做了什麼。）	我故意找他吵架，看他會怎麼做，會不會求我和好，有沒有誠意。我想確保自己在他心目中有著重要地位
實際做的事	記下你運用的技巧 • 檢視證據 • 與自己唱反調 • 假想（或實際）跟朋友講電話 • 情緒實體化 • 相反行動 • 攜帶小卡片 • 加強正向情緒	為你的想法挑標籤：疏離法（我注意到……我正在想著……他根本不在意我） 跟自己唱反調（我用五分鐘寫下他在乎的所有客觀證據） 相反行動（心裡氣歸氣，我還是會對他寬容——提議在他加班時，我可以幫忙送晚餐過去）

事後感受	再次寫下情緒，並且在實行各個技巧後，重新為感受強度打分數。	沒安全感：兩分 悲傷：兩分 憤怒：零分

本章重點回顧，以及下一章精彩內容介紹

內心想法給你的感受再怎麼強烈，都不代表真相和感受。你已經學會要如何注意到自毀觸發因子，以及如何即時介入，才能避免讓想法和感受觸發自毀行為。人可以控制自己的感受，讓它處於平衡狀態。本章的各項練習都可以幫助你學習，在激烈情緒或生理反應之下，也不必被內心急切的想法牽著走。你可以選擇自己最適合的練習方法，來幫助自己更瞭解負面想法和感受，且主動做出轉換，來減低自毀的可能性。有需要時就隨時多練習，長期下來會有很大的功效。重點就是：打破那些「讓你卡在現狀」的循環。按部就班，逐漸的操練本章介紹的技巧，將可幫助你建構一套對你有實質助益的新思維，勇敢追求心中珍視的目標。

第3章

步驟三：採用簡單的ABC脫離惡習

有句話說：「所謂瘋狂，就是不斷重複同一件事，希望得到不同的結果。」所以到底為什麼明明無法得到想要的結果，我們依舊不斷重複同樣的行為？

到現在，你已經知道人的本性有時會「偏向避開危險」，而不是追求酬償，原因來自一個或多個造成自毀的LIFE底層因素。你也已經知道，人的自毀觸發因子會帶來令人困擾的感受或負面想法，而這個感受及想法可能會讓你走上自毀之路。

但就算知道了，我們依舊不斷自毀，搞砸自己的計劃，真是令人頭疼！明明你已經能夠辨認出「是什麼負面想法和感受，觸發了自毀行為」，也已經動手處理這些想法，並且調節你的感受（請見前一章）。為什麼還是沒辦法戒除自我阻礙的毛病呢？

有些人會一再自毀，卡在舊習性裡爬不出來。我們來看看老愛拖延的潔妮吧，愛拖延的潔妮在廣告業工作，經常承受極大的時間壓力，但她的企劃案老是進度落後，而且總是會等到最後一刻才開始工作。有時她故意請病假來準備簡報，結果請假那天都在做不相關的事，到了晚上才驚覺一天快要過去了，簡報都還沒做。那潔妮這一天做了什麼呢？她忙著處理家事，整天下來她的櫃子更整齊了，浴室亮晶晶的。但工作企劃呢？沒進展。她也知道，如果想要在職場上有好表現，那麼她的簡報要準時做完，還得做得好。問題是她老是等到最後一刻才真正開始，不斷壓著截止死線而承受高度壓力。就算她通常還是交得出成果，但連她自己對成果也不滿意。即使她能力很強，但只要碰到重要案子就不斷上演同樣戲碼。每・一・次・都・這・樣！

為了處理這個困境，我們可以採用最基礎的ＡＢＣ技法：前因（Antecedent）、行為（Behavior）、後果（Consequence）。

ＡＢＣ理論（前因、行為與後果）

除了「想法」和「感受」會觸發自毀，「行為」也很重要。如果某個（不良的）行為獲得了增強，就會鼓勵這種行為不斷出現。所以我們必須找出為何（以及如何）這個「增強」會出現在我們的生命中——而這裡，就是ＡＢＣ這三個因素登場之處。

「應用行為分析」（Applied Behavior Analysis）理論[1]採用了「前因Ａ、行為Ｂ、後果Ｃ」這三個因素來理解、分析和改變人的行為模式。這三個ＡＢＣ能讓你弄懂自己為什麼會有某個行為（包含主要成因和影響效果）[2]，清楚而具體地瞭解在行為出現之前發生了什麼事（前因），還有做出行為之後發生了什麼事（後果），造成整個循環不斷重複。

這個ＡＢＣ的連環效應不見得是負面的。我們日常生活中不斷經歷「事件刺激導致行為出現」，且我們常需要依靠ＡＢＣ循環來達成任務。譬如鬧鈴響了，刺激我們起床，展開今天的生活。但這一套正面的ＡＢＣ循環，有時也可能讓我們走向自我毀壞的行為，在人生中各種面向造成不良的後果，不管是感情、工作、財務狀況、人際與家庭關係、整體幸福感等等。

正因「行為」乃是直接受到前、後發生的事件所影響，所以只要能改變前導因素、改變後續效應，就可以改造行為本身。重點在於，針對某些不斷重複的自毀行為，我們必須找出明確的ＡＢＣ連鎖效應，這樣才能有效地增強一些「可以讓你達成目標的行為」，或是削弱「讓你遠離目標的行為」。

接下來，我們就來逐項討論一下ＡＢＣ這三個要素吧。

前因Antecedent

前因指的是某個行為發生之前，直接刺激該行為發生的事件、環境或情境[3]。觸發行為的任何事物都可能算是前因，包含：

- 環境線索——我們周遭環境的外在條件，像是雨天、溫度、聲音、味道和觸感等感官刺激；
- 事件——譬如與朋友爭吵、在職場上被訓斥或參與家庭慶祝會；
- 地點和時段：譬如特定的社交情境（工作聚會、派對或相親），或者是某個特定的時段；
- 人物——譬如特定人物是否出現、特定人物是否採取某種行動；
- 物品——某些特定物品如摯愛的照片、金錢、酒或食物等；
- 回憶、想法（包含常見的自毀觸發因子）、感受（情緒或是生理反應）

要是因為上述這些前導因素的存在與否而導致某個行為出現，我們就可以說這個行為受到了「刺激控制」[4]。其實幾乎所有人類的行為都受到刺激控制，只要知道什麼情況會致使什麼樣的自毀行為出現，就等於有個著力點，據以修正前因或自己的反應，並採用策略來改正情況。舉例來說，辦公室的交誼廳供應點心（前因），你根本不餓，還是去拿了一堆肥油餅乾狂吃而破壞了自己的飲食計畫（行為）。假如交誼區沒有方便、隨手可取的點心，你應該不會走出辦公大樓去外面買餅乾。在這個狀況中，我們就會說：你的下午茶習慣受到刺激控制；理解這點之後，你就可以在事前做好替代的反應計畫（嚼口香糖就好，不要去拿餅乾）。另一例子是，你因為缺乏社交互動（缺少一個前因），因此下班回家後拼命上網滑ＩＧ貼文（行為），以尋求與人的接觸，但要是你剛才已和好友晚餐小聚之後再回家，你大概不會急著想在社群媒體上尋求人際互動。所以在這個例子中，修正前因（與親近的人有些社交時間），能減少你的自毀行為。

有些前因會讓人當下、即刻採取行動，有些則是會潛伏一段時間，從幾分鐘到幾年都有可能。心理學家把即時造成行為的前因稱為「近因」（proximal antecedent），發生在過去的前因則稱為「遠因」（distal antecedent）。前因的影響力大小，不是取決於時機點。近因通常很容易察覺，遠因則需要多加檢視才找得到。

舉例來說，你去到電影院，看到爆米花攤位（近因一）又聞到奶油香氣（近因二），於是果斷出手買了一大桶來吃，但你平常不會把爆米花當點心吃。若你在朋友家看劇集的時候，壓根就沒想到要準備一桶爆米花。在電影院裡，是直接的環境刺激才讓你直往美食攤位走去。

過去的前因（遠因）早於自毀行為而出現，要找出來不是那麼容易，不像爆米花誘人香氣那麼明顯。不過，無論前因是多久遠之前發生的，還是能夠大幅度影響你是否會採取某個行為。有些遠因之所以對人的影響特別強烈，常常根源於我們的LIFE自毀四大底層因素。

再回到潔妮的例子。潔妮對她的「工作自我」懷抱著高度的不安全感——這方面的自我概念與她的職涯、學術發展能力有關。她之所以會對「工作自我」懷抱不安全感，原因在於童年時期她有閱讀障礙，小學一年級就被編入閱讀矯正加強班。對她來說，要取得好成績非常困難，考試前也要比同學花更多時間唸書。到了大學，若碰到比較困難的課目，還需要大學的學科輔導中心出面幫忙她。長久以往，她不相信自己可以獨立產出優良的工作成果。雖然後來她終於克服學習障礙，完成大學學位，過去的陰影依舊存在，讓她對自己的工作表現時而有信心，時而沒信心。

後來有一次潔妮負責製作整個廣告團隊的年度報告。在這個當口，她的自我概念低落問題（這是她的LIFE自毀因素）、分心（近因）、過去的學習成果不佳（遠因）等三個因素同時出現，情況變得一團糟。她必須在週五交出報告，讓高層主管在週末審閱，而她從禮拜一就受命製作年度報告，但拖延了一整個禮拜，等到週四下午才驚覺：當晚必須熬夜拼出來，禮拜五才能準時交稿。

那麼週四晚間，發生了哪些讓潔妮分心、降低生產力的近因呢？她回到家時，發現早先網購下訂的衣服到貨了（近因），於是全部拿出來試穿一輪（行為），等到她決定好哪幾件要留著、哪幾件要退貨（近因），就開始填退貨單，把衣服逐一裝袋（行為）。衣服的事情處理好後，她終於下定決心要坐下來寫報告。可是她坐到書桌前，注意到有一些未讀郵件好幾天都沒有確認（又一個近因），她覺得有必要處理一下這些待辦事項，例如付款等。當然，以上每項活動都有成效，甚至個別來看算是負責的事，但每一項都讓潔妮一再拖延重要的任務。等她終於開始寫報告，已是晚上十一點了。

我問她，最近發生過什麼事，可能造成她不斷拖延寫報告。她想起上禮拜收到今年度的考績，不太理想（遠因），公司評估她在跟進客戶的表現上有待改進。她在上一份工作也有類似狀況，讓她覺得很丟臉，觸動了她內心深層的不安全感（我比不上人家），出現了明顯的羞愧和焦慮情緒（可以視為是遠因），讓她更沒勁去做工作相關的任務。過去工作表現不佳而心情低落的前因，發生於「拖延年度報告」的行為之前一個禮拜，但依舊對她的行動（動手寫告）產生了關鍵影響。

上一章說過，環境的觸發因子種類繁多，像是他人的行為、生活中的負面事件（工作壓力大、親人生病）、親人遭逢的事件（姊妹離婚、閨蜜老公外遇）。在潔妮的狀況中，沒有專心寫年度報告卻跑去做其他雜事，這是一個自毀的行為，但她這樣拖延，是為了要逃避更負面的、與工作相關的感受，以及為了逃避她內心「我這份年度報告會寫得很爛」的恐懼。聽起來很荒謬，但她為了逃避「報告寫得爛而被斥責」，於是乾脆選擇拖延報告——招來另一種斥責。這樣的舉動，不就妥妥的自我毀滅嗎？

我們都有很強烈的衝動，想要避免近在眼前的負面事件、情緒或想法。此時「逃避」會產生一種類似「獎勵」的效果，能讓人暫時避開不愉快或不舒服的事件。於是，隨著時間過去，拖延行為會受到增強（鼓勵、強化），因為它能讓人短暫脫離負面思緒和感受。這就是自毀循環的矛盾之處：為了避免自認為負面的結果而逃避該做的事，最終還是讓你陷入完全一樣的負面結果。愈是逃避，結果愈慘。

但是，我們只要瞭解「前因」是一種內在、外在的觸發因子，會帶出來「習得的、慣例的行為」，那麼我們就有機會出手介入，降低偏離目標的可能性。「習得、慣例的行為」似乎是無意識地、自動地出現，不過只要仔細觀察，那就有機會避免。方法是，檢視自己出現這些習得的、慣例的行動之前發生了什麼事，就能調整「前因」，以便減緩或者深化即將出現的行為。最簡單的例子就是，把前因完全消滅，這樣就不會觸發後續的不良行為。再用電影院爆米花為例，一旦找出近因（爆米花攤位的視覺線索，奶油香氣的味覺線索），就可以選擇從側門進去電影院，不必經過爆米花攤。看不到、聞不到，自然就不會想到要吃了。

不過，比較難處理的前因，則是負面感受或是在職場上表現不佳，因為它們已經發生了，無法改變。雖然如此，你還是可以改變「你對這些事情的反應」。你可以預先規劃好要如何處理遠因，想出一套不同的行動方案，這樣會帶來完全不同的結果——這種方式特別有助於處理無法掌控、出現當下無法避開的前因。

以下的練習可以幫助你辨識、釐清自己的行為，正遭受哪些過去的、現在的因素所影響。只要知道明確的前因，能讓你建構出新的事件順序，以避開自毀。

練習：受到「刺激控制」的正面、負面行為

如同本章一開頭說的，ＡＢＣ連環效應也可以帶來正面效果。如果一開始可以先理解刺激控制如何帶出我們希望的正面行為，後續就比較容易辨識出哪些負面的行為，是受到了刺激控制。請思考一下，有哪些日常、簡單的行為（把它們填入前因欄位），會導致我們期待的正面行為例如工作努力、維持家裡整潔、良好的個人衛生習慣等（填入正面行為欄位中）。

前因	遠因或近因？	正面行為

我請潔妮想想，她每天有哪些行為是因為「刺激控制（某個特定的前因，導致後續出現一個特定的行為）」而發生的，並請她判別是屬於遠因或近因。她找出了好幾個幾乎天天會做、且是受到刺激控制的行為。

前因	遠因或近因？	正面行為
早上鬧鈴響起	近因	起床
垃圾桶的垃圾快要滿了	近因	倒垃圾
慢跑後滿身大汗	近因	淋浴
前一晚吃了大餐	遠因	隔天早上延長運動時間
早上有朋友説自己最近怎麼變漂亮了	遠因	當晚在派對上主動與愛慕的對象聊天互動
上禮拜同事稱讚我最近工作上的表現	遠因	這禮拜超前進度完成另項工作任務

好，接著想想你有哪些行為受到刺激控制，卻帶出負面的行為。可以把表格抄寫到日誌內：

前因	遠因或近因？	負面行為

我請潔妮想想她拖延的不良行為，她的答案非常經典，許多有拖延老毛病的人都是這麼說的：「我也知道拖延不好啊，可是我覺得我在壓力下的表現會更好，截止死線剛好可以刺激我開始行動。」

聽過這種說詞吧？壓力一開始能帶來一點刺激，而且要是能在挑戰中克服困難準時完成任務，還會加深成就感。況且只要能在期限前最後一刻完成，也不會有人知道。但現實狀況是，每當她壓線完成任務，做出來的品質往往不佳。而且拖延的代價不止於工作本身，也影響到她的人際關係（因為趕進度，必須取消與朋友或男友的約會）還有睡眠作息（幾乎每星期都至少一次快熬整夜來完成企劃案）。

等她開始填表時，她才發現她不斷妨礙自己準時完工。有的活動一看就知道是在拖延正事，有的則沒那麼明顯，但不管如何，這些活動都阻撓她準時交出優質成果，導致她在整體職場表現出自我毀滅的行為。

前因	**不佳行為**
回到家看到洗完槽裡的碗盤	開始動手洗碗（而沒去做報告）
心想著：「今晚這個報告怎可能做完嘛。」	乾脆連寫都不去寫（因為我覺得自己怎樣都完成不了，動工也只是白費力氣）
坐在沙發上（心想：待在這裡工作會比較舒適）	結果躺下身來，報告擱一旁去（因為坐沙發上讓我覺得更累了）
想著：「這也太難了吧。」	開始做起其他無關的瑣事（像是整理書桌的抽屜）
休息一下來看一集自己愛看的電視節目	一口氣看了好幾集（結果一整晚都沒有去弄報告）
對報告感到厭煩	做起其他比較有趣的事情（打電話給朋友聊天、線上購物），結果都沒有回頭去弄報告

整理房間、洗碗盤或處理不急的帳款，單看這些行為本身並不算自毀（上一章的案例則不一樣，愛麗絲因為男友還沒回訊息就狂打電話過去。這是自毀行為），但是當潔

妮在做這些瑣事的時候，明明有更重要的任務還沒完成，這些瑣事不僅消耗寶貴的時間，也消磨了自己的專注（無法好好做簡報）。這種情況下，整個行為模式明顯就是陷入自毀圈套，使她無法完成任務。有些瑣事本身看似無害，甚至有點益處，但如果放在整個「達成目標」的大局之下，則會消耗寶貴的時間與精神，害你無法達成目標。

現在，我們已經大概掌握「前因」是什麼，以及前因對正面和負面行為的影響。接著就讓我們探討ＡＢＣ連環效應中的「行為」吧。

行為Behavior

我們以為「行為」非常自然。除非出現了負面的行為，否則我們幾乎不會去思考：我們做出某些行為，背後是受到什麼因素的驅使。基本上來說，行為可定義為「人類在時間、空間中所從事的一切活動」[5]，不過也可簡單把行為定義為「人所說的話，所做的事」[6]。若放在ＡＢＣ模型的架構下來看，行為就是你想要改變的標的，不管是想要增加頻率（以便使你更接近目標），或是降低發生次數（以避免不利的結果）。

行為可以幫助我們從外在環境、從他人與社交情境當中，獲取我們需要的事物，以利生存和發展。我們做出某個行動時，會從外在環境、社交圈得到反饋。你與他人、與動物及物體之間的互動，會使你獲得食物等資源，使你發展出有益的人際關係，來維持生活品質。人所做的事，通常受到兩個因素支配，那就是「知」和「行」。換句話說，你必須擁有做某件事的技能，以及去做那件事的意願。例如你餓了，就需要找食物的能力和動力。

當我們愈瞭解「行為」的運作原理，就愈能判別哪些行為會幫助我們停止自毀，而又有哪些行為會阻礙我們、會導致自毀。

行為，是為了達成某種目的

從整體來看，行為可以幫助我們獲取獎賞或是避開威脅。我們最可能重複的行為，就是那些會帶給我們愉悅的行為（飲食、性愛），以及會讓我們免於負面情緒或是感受

（焦慮、緊繃）的行為。所以才有些人會透過暴食來解壓。放縱行為的背後，其實有著愉悅的因素存在，可以緩和緊張等負面的情緒。

行為，會改造環境

行為會改變或改造外在的環境。例如你推著購物車，就能讓它移動至店內的某個位置。行為也會改變社交，例如你揮手向朋友打招呼，他也揮手或用其他方式回應。所以行為是因果系統中的一環，獨立存在於獨立空間，而所有的行為都會有相對的反應。

行為，是可以觀測的

想法深藏於心底，肉眼看不到；但我們在從事某個行動或活動時，在場的他人可以目睹這些行為。我們的思緒和感受並不等於行為，但行為卻表達了我們的思緒和感受。譬如小朋友生氣時會鬧情緒，因此可以從他們的脾氣爆發事件上，觀測到他想表達的感受。愛麗絲瘋狂傳訊息給男友的這個行為，也是表現了她心中對兩人感情的擔憂和不安。

行為，是後天習得的

行為是自然而然發生的嗎？這是誤解啊！我們的行為是經過長時間習得的，成為我們與外界環境及他人互動的方式。譬如，「內化信念」來自某種學習經驗，可能是觀察旁人的信念、態度或行為，也可能是自己的親身經歷。前章的人物傑克，並不是天生就有「非黑即白的二分思維」及完美主義傾向，而是觀察他父親而得來的經驗，尤其是他表現不佳時爸爸給他的評論。久了以後，使得傑克養成「行為一定要完美」的信念，以求取爸爸的認可。因為行為是習得的，所以我們也可以主動消滅那些對我們不利的行為習慣，可以按照我們的需求來決定保有哪些行為，刪除哪些行為。

行為，可加以類化

在某個情境中或因為某個人而增強的行為，往往可以類化或轉移到其他情境或其他人身上。有點像是在另一個場合中測試某個行為「合不合用」。舉例來說，有位體貼的男性在餐廳幫女伴拉椅子，這個加分的行為通常會得到肯定（正增強），所以長期下來他也會在用餐時幫家人、朋友和同事拉椅子，而在這些情境下再度獲得正增強。再舉個例子，傑克後來把他追求完美的行為擴展到生活其他面向，包含與親友、同事、主管之間的互動，甚至稍稍往前演化了一點，他開始期待其他人也能拿出完美表現。雖然傑克追求完美的行為對他的生活造成自毀，但這些行為還是因為常受他人讚美、欽佩和誇獎而獲得強化。行為經過增強後，出現的頻率和適用的情境更可能增多。

有些行為是不良的

雖然許多行為因為對自己有益，會隨著時間受到強化（如個人衛生、規律運動、健康飲食），但有些重複的行為是有害的。這時我們就會產生某種程度的認知失調（見第一章），而這種不適的感覺會持續造成困擾，直到獲得解決為止——或許是我們說服自己「這些行為其實也不算壞事」，或許是我們痛下決心改變行為以便對自己好。這正是貝絲遇到的狀況。她知道吃太多不行，也知道吃太多這個不良行為會讓她遠離目標（維持健康體重），還會增添她的認知失調：無法掌控健康，並不符合她的自我期許（她覺得只要有心，就能達成目標）。貝絲發現，為了要處理認知失調帶來的不適感，她開始製造各種藉口：告訴自己偶爾放縱一下沒關係（同事升等歡慶、父親慶生、度假、週末等等）。

我們必須改變行為，才能停止自毀。所以我們一定要知道：行為在ＡＢＣ模型中扮演關鍵角色。前因會影響行為，不過你可以選擇要採取什麼行動，使得後果變得可以掌控。

後果Consequence

前面說到，前因驅使某些行為出現，而這些行為又會帶來某些後果。說到後果，一般人常會用負面的眼光加以看待，比如說「後果自行承擔」，其實後果有分正面和負面兩種。換言之，「後果」是源自於行為的、必然出現的結局，它可以是好的，也可以是壞的。例如你對某人微笑（行為），那個人也對你笑（後果）。

後果也能反過來強化你的行為。要是某個行為的結果是獎賞，你就會一直重複該行為。這種由行為和後果形成的反饋迴圈，會鼓勵「會帶來正面結果的行為」重複出現，也會阻卻「會帶來不利結果的行為」繼續出現。

不同種類的增強效應

當我們的行為帶來正面或自己樂見的結果時，就會受到強化，未來也可能再度重複這個行為[7]。若某個後果可以強化某種行為，且增加該行為出現的機率，則這個後果就叫做「增強物」。因此，你對某個陌生人微笑，而他也用微笑回應你，這就是個增強物，讓你未來更可能對其他陌生人微笑（行為），期盼再度得到對方用微笑回應你。若你送出微笑，對方卻板著一張死臉，下次你就比較不可能對陌生人微笑了，免得又被回絕。這就是「消弱」的實例，亦即行為不再受到正面後果的加強，因此停止了同樣的行為[8]。

增強分成正面、負面增強兩類，兩者都會讓特定行為提升強度或頻率，因為我們期待該行為的後果出現。

1. 正增強（positive reinforcement）指的是「從事某種行為，而這個行為的後面會出現增強物」的過程。增強物通常是「增添」我們覺得愉快、有利或有價值的東西，也就是讓該人最初想要追求事物的動力。譬如，運動（行為）讓你後來感到自豪（正面增強物），於是你未來就更可能再次運動來體驗這種正面情緒。

2. 負增強（negative reinforcement）指的是「從事某種行為，而這個行為的後面會出現負面增強物」的過程。這個負面增強物通常是「去除」使人嫌惡的刺激物，也就是令人不悅、痛苦或煩悶的事物。[9]譬如，整天工作累積高度壓力後喝杯酒（行為）降低你的焦慮感（負面增強物），於是未來每逢工作壓力大，就更想再次喝杯酒來擺脫負面情緒。

上述概念有點難懂。在正、負增強的過程中，都會導致行為重複發生，因為兩種情境都會讓人在採取行為後，立即獲得想要的後果。你會做出行動來取得更多愉悅的刺激物（正增強），或是避免掉令人厭惡的刺激物（負增強）。兩種流程的差別在於，從事該行為能獲得什麼。正增強讓人得到自己喜歡的結果，負增強讓人避開自己討厭的結果。

特別關注負增強效應

正增強效應通常不難理解，所以在此要多解釋一點對自毀行為非常關鍵的負增強效應。有些行為的成效或後果，表面上看來不像是獎勵，但實際上能夠讓人逃離（或減緩）令人感到不自在的事[10]，因此能帶來鼓勵，促使該行為不斷循環發生。也就是說，若某個行為可以降低不快的情境和事件，那麼就能驅使我們不斷做出該行為[11]。我們可以把它想像成是要避免危險，而我們先前已經說過，讓我們陷入自毀迴圈的元兇，就是在於我們將「避開威脅」置於「獲得獎賞」之上。眼前立即取得的快慰或舒緩，固然會使人覺得愉快，但長期的後果可能對你來說不是好事。

在潔妮的例子裡，她最近得到的考績不理想，而新的年度報告會獲得什麼樣的評價，也使她心裡焦慮不堪，於是她就使出拖延之計，想要避免這種焦慮感受。每當她被批評，她就會再度走入小時候的課業陰影。即使她長大後表現不錯，還是脫離不了內心深處的恐懼。為了避免正面處理這些負面感受，於是她躲避自己該做的事。

學者戴安・堤斯（Dianne Tice）和艾倫・布拉茨拉夫斯基（Ellen Bratslavsky）指出，有時候人會「透過妥協，來得到良好的感受」[12]。比方說，習慣拖延的人常因為該做的任務而經歷壓力、緊張、焦慮，因此選擇逃避；延後任務可以暫時提升低沉狀態，所以成為一種（暫時）變換心情的方法。但是，逃避任務只會讓問題繼續累積，到最後不僅要處理這些煩人的負面情緒，還要經歷「事情沒做完」的後果，包含被上司訓斥、喪失晉升機會、工作不保等。

我們為了擺脫負面思緒、感受、事件，於是訴諸不良的行為，短期看來這種不良行為還頗吸引人的，但實際上它們只會替你製造麻煩。人在壓力之下，往往會依照眼前的刺激而行動，而我們想要盡快擺脫或避開負面的刺激，好讓情緒恢復到平衡狀態。

從這個角度來看，就能理解潔妮的行為了。當我們受情勢所迫，較難把眼光放遠，無法看見未來「我們此刻想避免的恐懼和情緒都已告減緩了」的時刻（畢竟，所有情緒都是暫時的狀態，會隨著時間而改變），無法想像「自己懼怕的事根本不會發生」。當我們受情勢所迫，我們一心只想避開眼前令人不適的事物，但這樣卻會讓我們做出自毀的行為。

這裡再舉一個「透過負增強來脫離負面刺激」的例子。假設威廉想要多認識新朋友，而他在社交場合裡常感到緊張，有次他受邀參與派對，但他只認識主辦人。這個情況裡，受邀到派對是前因；受邀到派對引發焦慮感（嫌惡刺激），所以他決定不去（行為），當下就解除了焦慮感（因為不必跟陌生人互動）。在負增強的作用下，長期下來威廉將愈來愈傾向避免參加派對，因為只要決定不參加，對情境的焦慮感就會立刻降低。只要不出席派對，他就能避開與陌生人互動的不適感，結果他就更傾向重複「不參加派對」的行為。可惜的是，長期下來不出席社交場合，讓他更難認識新朋友，而這明明就不是威廉想要的。

這個行為模式甚至會導致一種自我應驗的預言：威廉自認不擅長交際，因此婉拒活動，但與世隔絕之後使得他很少有機會與人交往，很少與他人享有正面、且能帶來收穫的互動往來。因此，他還是落入自己最擔心的處境：隻身一人，沒有能提供支持力量的交際圈。

練習：界定出自己的正面增強物和嫌惡刺激

不斷出現的自毀行為常常能讓我們擺脫眼前的嫌惡刺激，難怪這些行為會變成一種習性！

現在請花幾分鐘來找出你常見的負面行為。這些負面行為發生之前，有沒有特定的情景？先前做過的一些練習（第九十一頁的「觀察兩組ＥＴ」和第一〇五頁的「思維記錄表」及第二章末的「加強版思維記錄表」）或許能幫你辨認出哪些特定情景會致使不良行為出現。請盡可能詳盡描述情景，接著描述各項負面行為製造出哪種類型的增強物。不見得每個負面行為都同時會有正、負面增強物，但某些行為確實會製造出正、負增強物。可將這張表抄寫到日誌中。

負面行為：

情境和行為	獲得的正增強物（正面增強效應）	避免掉的嫌惡刺激（負面增強效應）

潔妮知道自己時常拖延，但有時候拖延並不是有意識的抉擇。她並沒有說：我不要寫報告了，我要去整理衣櫥。造成拖延的活動和行為可能是好的，例如處理帳款。潔妮說：「我想追個劇，當作休息，結果一看就不能停。我打開看劇軟體時並沒有打算要逃避工作，只是想先沉澱一下心情再開始工作。但我現在發現，『看劇來沉澱心情』每次都會造成反效果。」

潔妮填好的表格結果如下：

負面行為：拖延

情境和行為	**獲得的正增強物**（正面增強效應）	**避免掉的嫌惡刺激**（負面增強效應）
因為看劇，導致拖延工作	提升心情（增加快樂和享受感）	排解無聊和工作壓力帶來的緊繃心情
寫待辦清單，導致拖延工作	認定自己有在做事情，於是可以自我感覺良好	暫時還不用寫困難的年度報告
跟朋友出去，導致拖延工作	很開心；能和朋友連繫感情，這也是重要的事	降低焦躁感；避免精神過勞和疲乏

潔妮很明白，雖然這些行為幫助自己降低負面感受，卻也讓她遠離自己該做的事，最終造成在事業方面的自毀行徑。或許暫時得到了好處（擺脫負面情緒），卻帶來長期的損失。這個練習可以讓你釐清自己的行為如何一方面降低了當下的負面感受，一方面卻也阻礙自己長期追求目標。

力道最大的增強物

負面增強物的力量極強，能使人當下擺脫或逃過未來各種不愉快或惱人的經驗。你的行為會受到哪種增強物的支配，取決於過去的經歷，以及你的性情或偏好。以下這三大因素會決定增強物對於某項行為的強化效應有多高[13]。

立即性：從「行為發生」到「體驗到增強後果」的間隔時間。間隔愈短，強化效果愈強。譬如：孩子剛把房間整理完（行為），你立刻就跟他說：「真棒。」（後果）。若你晚個幾天才稱讚他，說不定他以後就比較沒有動機整理房間了，因為他無法把「整理房間」的行為直接連結到獲得的正面增強物，因此他就比較不會為了再度獲得父母的稱讚，而重複「整理房間」的行為。

關聯性：行為和結果之間的關係。也就是做出一個行為之後，是否產出一個後果。例如，你把資源回收物拿到家門外的收集區，讓專人來處理廢棄物。收走回收物（後果）是你把回收物拿出去（行為）的直接結果。要是你把回收物放在家裡，就不會有人幫你收走。這表示，要是你想要特定成果，你就必須做出能達到這個成果的行為。沒有實際行動的話，心裡再怎麼期望也得不到欲求的事物。

動機操作（Motivating Operation）：指的是某些事件或變數（通常屬於前因），能在不同時期影響後果的強度。例如，餓了很久之後（遠因），吃了一顆蘋果讓你覺得特別美味（後果）。於是你就想：「蘋果真好吃，我要每天吃！」次日你吃完大餐後（近因），又吃了一個蘋果（行為），覺得蘋果的味道普通（結果）。這個例子中，餓了很久（遠因）會比剛吃完大餐（近因）更有強化效果。在這個經典例子中，可看見動機操作與剝奪和飽足感之間的關係，將會影響食物帶來的滿足感多寡（肚子餓的時候，吃什麼都超好吃）[14]。

好，現在我們已經學會ＡＢＣ循環了（前因Ａ，提供一個機會讓行為Ｂ出現，而行為Ｂ導致結果Ｃ出現）。在強化物這件事上，ＡＢＣ循環中每個成分都是緊密相關的。另外，ＡＢＣ還受到「動機操作」的影響，因而改變了強化物的酬償效果[15]，並提供誘因促使某行為在特定時間、特定情境中的發生（或不發生）[16]。

續談動機操作

動機操作是一種特殊的前因，能夠瞬間改變強化物的效果[17]。動機操作可以細分為建立型操作（EO）、消除型操作（AO）兩種。建立型操作是一種前導事件，可以「增加特定增強物在當下的價值（從而使後面出現某個行為的機會增加）」；而消除型操作這種前導事件則會「減損某個增強物的價值，從而使得後續某個行為發生的機率降低」。回到蘋果案例，肚子餓的時候（建立型操作）吃蘋果帶來較多滿足感；而剛吃完大餐的時候（消除型操作）再吃蘋果就比較沒有滿足感。

要是經由建立型操作，使得某個刺激的負面效果被放大了，那麼「避開該刺激的行為」就會被增強（亦即，更可能出現這個行為）。同理，要是經由消除型操作，使得某個刺激物的嫌惡感被削弱了，那麼「避開該刺激的行為」的增強效果，就沒有那麼大了。

以潔妮而言，有幾個特定的前因會影響她是否比較容易出現拖延。在以下的情境中，無論是在認知還是情緒上，她都累了，所以更可能會拖延任務（跑去做雜事），暫時逃脫焦慮感的行為。

1.辛苦工作一整天；

2.既存的負面感受，例如羞愧感；

3.非黑即白的二分思維，例如會覺得「如果今晚沒做完簡報，我就是個失敗的人」。這可能是源自於她小時候功課不好而自認無能的「內化信念」；

4.前一晚沒睡飽；

5.當晚稍早曾和伴侶起爭執。

上述這些建立型操作，使得潔妮更可能會做出某些行為，想要減緩「我能力不足」的感覺（在當下會帶來舒緩的酬賞作用）。她的感受愈糟，就愈可能會訴諸「可以帶來安慰，卻無法促進目標」的行為。

我請潔妮回想以往是否有「很想拖延，但最後沒有拖延」的情形，這樣的目的是想找出潔妮的消除型操作。具體來說，我想找到「她沒有受到壓力牽制，因此能做出較佳決策且避免拖延」的情況。這些情況可能是當下發生，也可能是稍早出現的。

潔妮想了一下發現，在以下情境中，她的拖延毛病大幅減少。

1. 前一晚寫好待辦事項；
2. 既存的正面感受；
3. 當天早上有運動；
4. 得到前輩誇獎；
5. 開始工作時沒有吃太飽（不然會易疲勞）。

就這樣，她成功認識了自己專有的建立型操作與消除型操作事項。因此，她就能夠設計出一個「可以幫助她避免拖延、不要讓強化拖延的建立型操作事項出現」的計劃，包含改善睡眠習慣、在高壓期間工時不超過十二小時；同時也讓她在面對大案子的時候，先準備好拿出她專屬的消除型操作事項，例如和自己尊敬的職場前輩喝杯咖啡。時間一久，她成功降低了拖延行為的發生頻率，並且能在不造成太大壓力的情況下，如期完成優質報告。

回顧一下，最重要的ＡＢＣ原則

本章中介紹了好多個重要的概念，請大家一定要留意，「行為」在ＡＢＣ連鎖效應當中，具有三個基本原則：

- 行為大多是因為特定前因的存在（或不存在），才會發生。譬如，要是潔妮有運動，她就比較可能努力工作，不會拖延。
- 行為之後如果跟隨著一個強化的效果（無論是獲得酬償，或避開危險），該行為就獲得增強，更可能發生。譬如，婉拒出席派對，可以減少你的焦躁感，因此你就更可能一直婉拒派對。
- 如果行為的後面，不再出現強化的效果，行為就較不易再次發生。譬如，以前幫伴侶做晚餐時他會讚嘆說好吃，最近卻是反應變冷淡，你可能就會減少下廚的次數。

學會了上述這些行為的基本原理，你不僅會更理解自己為什麼會做出某些行為，也能看清行為在一連串因果關係中的地位。只要能留意到過去發生的前因（Ａ），和特定行為（B）之後緊接著引發的事件、後果（C），你就能瞭解是哪些驅動的力量在作怪，使你像鬼打牆似的不斷重複同樣的行徑。要是你不想重複自毀行為，只要曉得前因如何讓自己做出特定行為，就能夠有個切入點來打破整串自毀迴圈。反過來說，你還得找出「能帶來渴求結果」的方法，並在未來盡量多多加強這些行為[18]。

恐懼因素

恐懼感會嚴重影響ABC循環[19]。恐懼會抑制那些「有助於幫助我們達成目標、實現夢想」的行為。「畏懼改變或未知的事物」將使得我們一心只想避開威脅，而不是以平衡的觀點去考量如何獲取獎賞。恐懼可能讓你高估風險，讓你停下腳步，降低了邁向目標的動力。例如你想擁有夢幻身材，卻害怕跟不上其他學員進度，於是就沒有報名團體健身課程。

本章特別花了一些篇幅解說負面增強效應，因為我們常會把避開恐懼、痛苦、焦慮、壓力等負面情緒，視為是更重要、更值得追求的事，重要性甚至超越了我們追求目標的念頭。久而久之，要是「避開不愉快情緒的行為」受到了強化，以後遇到類似情景，你就很可能拿出同樣的「躲避」作為，使你逐漸遠離最憧憬的目標和最嚮往的夢想。

以下練習能幫助你整理你以往較無效率的ＡＢＣ排序，使你在「獲取酬償」和「避開危險」之間取得平衡，帶出後續更有成效、更符合目標的行為！

小撇步：寫出個人ＡＢＣ（10分鐘完成）

本練習可使你快速找出你現有ＡＢＣ排序（前因—行為—後果）的缺失，並建立至少一種方法來改正。首先，請找出一項導致自毀的不好行為，接著在日誌上寫下ＡＢＣ的內容，以便清楚看出整連串事件。然後，想出一個或多個方法來改變事件次序：若修正前因，就能避免後續負面想法或激烈情緒出現、導致進入自毀行為嗎？若無法修正前因，能採取不同的行為嗎？不妨試試前一章的「相反行動」練習（見第一三九頁）——這個方法對於以下情境特別有用：如果你發現問題出在前因，且這個前因是某種強烈的負面情緒，它使你重視「避開危險」，而忽略「追求酬償」。在日誌上把新的ABC序列寫出來，日後若覺得人生卡關的時候就可拿出來使用，讓你繼續朝著正面方向前進。

潔妮做了這項練習後，想出了一種行為改變，能讓她準時交出優質報告。她發現自己只要改變行為，得到的效果也會轉而成為達成目標的助力。

我的舊ABC

前因A	行為B	後果C
怕報告／企劃案無法獲得正評，所以感到擔憂和焦慮。	透過看劇轉移注意力，想脫離擔憂和焦慮。	擔憂、焦慮暫時消失了。但時間也浪費了，直到深夜才開始寫報告，成果不佳。

我的新ABC

前因A	行為B	後果C

怕報告／企劃案無法獲得正評，所以感到擔憂和焦慮。
想透過看劇轉移注意力，但我快速擬定了一個報告大綱以及各章節的內容，於是開始寫報告。
寫報告的時間多了，有大綱使得內容具體了，所以進度很讚。

短版練習：評估自己的「動機操作」（24小時內完成）

本練習能讓你針對想改變的那個「行為」，擬定可行的「建立型操作」和「消除型操作」。首先，把前面小撇步作業中的「我的舊ABC」抄寫到日誌上的新頁面上。

在接下來的二十四小時裡，盡量寫下有哪些前因，可能會使得該行為產出的後果更誘人（或更不誘人）。這些前因都可歸類為：環境、事件、地點／時段、人、物、回憶、想法、感受等。先前做過的一些練習（例如「兩組ET」、「思維記錄」等）或許能幫你找出哪些特定事件或情境，就是會造成麻煩的前因。

然後，請判斷這些前因是屬於建立型操作還是消除型操作，並在適用的格子內勾選註記。這樣你就比較清楚是哪些前因可能會觸發自毀行動，好精準鎖定問題所在，重新配置你的ABC順序。

潔妮剛開始不想做這項練習，她非常非常想拖延這個作業！這太難了，表格中的每個空格她一開始都想填入「我不知道」。如果她完全不做這項練習，固然可以躲掉眼前的不確定感，但無助於找出妨礙她前進、導致她拖延的行為。最後她終於靜下心完成了。後面的長版練習也會用到這張表，來規劃行為改變之後該執行的事項。

這個練習的好處是能讓我們知道自己可以掌控哪些建立型和消除型操作，擺脫這些事情的控制。就算無法完全根除這些影響力（例如，無法倒轉時光來刪除先前收到的考績負評），我們還是能改變自己對於這段經歷的反應，改變自己要採取的行動。

我的舊ABC

前因A	行為B	後果C
怕報告／企劃案無法獲得正評，所以感到擔憂和焦慮。	透過看劇轉移注意力，想脫離擔憂和焦慮。	擔憂、焦慮暫時消失了。但時間也浪費了，直到深夜才開始寫報告，成果不佳。

我的EO和AO

前因：很怕報告獲得負評，因此感到焦慮。	**前因被增強了**（建立型操作，EO）	**前因被削弱了**（消除型操作，AO）
環境／事件／地點		
在家（容易分心）	V	
在咖啡廳（想在那工作）		V
人（在場／不在場，他們做的事情）		
主管批評先前工作表現	V	
跟同事合作		V
生活作息（睡眠、運動、飲食）		
沒睡飽	V	

清晨跑了五英哩		V
感官刺激（氣味、景象、聲音、觸感、口味）		
無		
感受（情緒、生理反應和感官感知）		
身體緊張且心情浮動	V	
吃太飽很撐	V	
不餓		V
想法（含自毀觸發因素）		
我一定做不完的，就算做完也做得很爛（過度類化／災難思維）	V	
時段		
深夜才開始寫企劃案	V	
週末即早就開始寫企劃案		V
客觀／可觀測的事件（例如與伴侶爭吵、在工作上遭訓斥）		
跟另一伴吵架	V	
跟前輩聊一聊受到鼓舞		V

長版作業：徹底擺脫纏人的EO！（7天內完成）

你已在短作業中把潛在的建立型操作項（EO）和消除型操作項（AO）分別記下，現在該進入實際運用了，開始調整行為，以求降低問題行為的發生率。為了做到這點，我們必須盡可能去除建立型操作項——若行為不再產生滿足感，你就較不可能會去做。

現在，你可能已經在短作業中發掘多個EO，接下來這週，要把焦點放在「盡量去除自己的前三大EO」。

首先，在日誌的新頁面上寫下三大EO。接著想想看，在未來這一週能做哪些事情，來減緩或根除這些EO，然後下決心全力消滅這些EO。最後再觀察：行為的發生頻率有沒有降低。

對許多人而言，EO當中最難去除的類型就是難受的心情。感受太過強烈時，會讓人很難知道要怎麼回歸平衡，以免因衝動而自我毀滅。想做到這點，可以參考第二章提到的幾項練習如「相反行動」和「加強正向情緒」等。如果行為沒有改變，可是某項EO確實已經減緩了，那就請回到EO與AO表格來重新評估，以確保所選的EO真的影響到你對後果的感知。

要確認你所選的EO有沒有直接造成自毀行為，有個方法是觀察這個EO出現時，你有沒察覺到自己「忽然很迫切想做某件事」，而且你知道這件事是不好的，或是會讓你遠離目標。要是某個EO讓你覺得有點心煩（自己現在需要戒糖，只能眼睜睜看其他人吃巧克力），但沒有真的讓你做出自毀的事（不管了，吃巧克力吧），這樣就不算是你的頭號EO，只是從邏輯看來有點像是。

每個人都不一樣，他人的頭號EO未必會給你帶來困擾。所以，多瞭解這些規律的同時，可能要花一些功夫才能精準找出最容易刺激到自己的EO。不妨在本練習中多嘗試幾種。要是沒看到行為改變，就回到起草階段多動動腦思考，觀察另一個EO是不是真的會誘發自毀行為，是的話表示你可能找到一個頭號EO了。

EO	減緩或根除的策略
1號EO是：	
2號EO是：	
3號EO是：	

潔妮填好了她的EO，也選定了處理的策略，結果大概像這樣：

EO	減緩或根除的策略
1號EO是：沒睡飽	• 晚上十一點前要上床睡覺 • 不要睡午覺（因為有睡午覺就會因為感到不累而晚睡） • 睡前做簡短冥想（提升睡眠品質）
2號EO是：身體緊張且心情亢奮	• 深呼吸十次 • 在附近散步二十分鐘（要是天色暗，就跟著一集瑜珈短片練習） • 聞聞薰衣草精油
3號EO是：自毀觸發因子：我一定沒辦法準時做完……	• 使用第二章的練習「檢驗證據」技巧（第一一三頁） • 練習「跟自己的想法唱反調」（第一二〇頁） • 練習「為你的想法取名」（第一二六頁）

做完這項練習之後，若你覺得自己就快落入自毀的陷阱時，就可以有具體的行動計畫可用。潔妮察覺自己身體緊繃且心情激動、眼看著即將自廢武功之際，她就用這張表來自救。譬如，週日午餐後，坐下來要整理明天早晨會議需要的資料，卻覺得很浮躁、無法專心。於是她起身弄了個點心再小小網購一下，幫愛貓清理貓砂，還有倒垃圾。兩小時後，她突然覺得腦力不足，明天的資料做不完了。

但她想起這張表，拿出來重新看一遍，決定要依照自己的提議去外面散步一下。她在社區裡散步了二十分鐘，聽著紓壓音樂。回來後，覺得不再像原本一樣躁動、緊繃了，反而能坐在書桌前開始準備明天會議的資料。

本章重點回顧，以及下一章精彩內容介紹

我們已經學到，如何辨識特別會使你落入自毀陷阱的「前因」，也提醒你多注意特定情境、幾項高壓事件，還有某些思緒和感受。你現在應該更有能力察覺，「建立型操作」項目何時出現，且利用到目前為止學到的技巧來處理。請盡量減緩、消滅生活中的自毀觸發前因。下一章裡，我們會練習如何用全新的行為來替代掉舊行為，讓你更能走近目標，而不是愈走愈倒退。

第4章

步驟四：有更好的替代方案：從「我不行」到「我可以」！

前一章談的是如何去除「前因」。潔妮覺得緊繃時（她的建立型操作，即EO）會出外去散散步，就能減少緊張帶來的負面影響，接著她就能安靜下來，專心工作了。但是，有時候改動不了EO，這時我們就必須拿出「有益於達成目標的行為」，來取代原先對於目標無益的行為。

人都有自己的習慣，有些是中性的，例如你晚餐喜穿吃雞肉，你喜歡聽著電影配樂打掃家裡。另外有些習慣就不是這麼簡單了，尤其是會讓你陷入自毀循環的不良習慣，會讓你變得像是跑轉輪的倉鼠，重複同樣的行為，卻沒有真正向前邁進，還會使你相信自己無法達成目標。

要擺脫無用的行為迴圈，就要回到源頭，搞懂一開始讓自己在原地打轉的整個過程。要擺脫長期累積的習慣行為，需要的不只是內心許願，也不只是察覺問題出在哪；就算你具備解決問題的策略，也不保證你會在需要的時候真正去採用。你還需要提升自制力來抵抗誘惑、衝動和強烈意念，以免又走偏。

在本章中，你會學到一套強效的組合技，稱為「心理對照與執行意圖」（mental contrasting and implementation intention, MCII）。這套組合技可以強化你的自制力，讓你加強自制力技能，替換掉不良行為，愈來愈接近自己想要的生活。

前一章的重點是修正、改變或消除引發自毀的前因，也就是ABC連環效應中的「前因A」。本章中要改變的，則是在ABC迴圈長期運作下，變得自動的行為。本章介紹的技巧可以確保這些自動行為不再復發——就算以往經常觸發該行為的「前因」再度出現，也不會引發該行為的發生。但我們必須先看看，為何就算擁有正面的意圖，依舊難以達成目標。

正向的意圖，與它的陰暗面

光是擁有正向的思維就夠了嗎？不夠。許多人無法貫徹正向的意圖，來求取好的結果。研究顯示，良好意圖與積極行為之間的關聯性不強[1]，也就是說，光有好的意圖，不見得能讓人真正採取行動。多數人都可以體會：我們設立了目標，卻無法持續努力達成目標，而且過程起起伏伏，有時因為達到小小里程碑而慶賀，隔天就因為沒把事情做好而喪志。

我的客戶丹尼對於「求而不得」有很深的體會。過去十年間他努力克制自己的暴食習慣，結果反而增重十四公斤。丹尼有規律運動，每星期跑步三次外加重訓兩次，運動習慣非常穩定而固定。但不知怎樣，他的控制飲食很失敗，喜歡與朋友聚餐大吃，忙碌後常藉著暴食來舒壓，且習慣邊工作邊吃點心。長時間下來，他的體重不降反升。

丹尼每年都會把「減肥」這個意圖設為新年新希望，嘗試多種節食方案，在便利貼上寫些精神喊話給自己然後到處貼，還把以前自己的瘦照印出來貼在廚櫃和冰箱門上面來激勵自己。但年復一年他體重都沒有變低，常讓他心情落寞而把零食往嘴裡塞，於是一直陷於惡性循環中。

丹尼幾乎所有行為都符合自己的「意圖」，偏偏在進食這個「行為」上屢次失控。內心固然願意，行為卻做不到，讓丹尼非常無助，還產生了認知失調。你我都知道，人的心智最恨的就是意圖與行為的矛盾。於是他認命了，這輩子瘦不下來了吧，這種失望感使得他的不健康飲食習慣變本加厲。大吃一頓可以使他暫時脫離焦慮和壓力，但緊接而來的則是深深的羞愧和罪惡感，因為他的行為跟自己渴求的願景完全相反。

丹尼這種無助感，經常導致自毀的舉動。我聽過不少客戶說「我克制不了自己」或「我意志力太軟弱了」。不！沒有這回事！行動和結果之間的關聯很強，這點我們先前已在ABC連鎖效應中看到了。只要瞭解ABC循環，結合自制力的磨練，那麼就算情況和境遇給你重重阻礙，你也還是能朝向自己一心嚮往的目標前進。自制力非常關鍵，能讓你從「我沒辦法」變成「我可以的」。馬上就來解釋實際運作方式。

小知識：欲求與意圖

欲求和意圖都能引導你朝目標前行，但兩者概念不同。欲求是你渴望得到的東西，包含能在現實中實踐的理想，也包含根本得不到的夢想。當你欲求得到某個東西時，並不表示你決定採取任何實際作為，所以我們能把欲求定義為「一個起始點，最終通往目的地」[2]。另一方面，如果你決定依照欲求去逐夢，此時你就建立了一個意圖，目的是要遵循欲求以求達成目標。亦即，意圖更接近行動了，且能幫助你發展出一個計劃、執行計劃、最終實現目標。

自制

基本上，自制就是依照為自己好的方式去行動。如心理學家愛伯特‧班杜拉博士（Dr. Albert Bandura）所說[3]，自制是一個主動過程，用來監測、判斷自身行為，並做出反應[4][5][6][7][8]。要達成自制，就要辨識出自己的想法和感受，且在事情不對勁時有所察覺並加以導正。不論在事業、課業、感情、心理健康或達成目標方面，自制都是個關鍵。事實上，自制是「刻意行動」的基礎[9]，也是帶動改變的源頭，能使你的行為對準你設立的目標或理想[10]。所以，擁有優異的自制技巧，對於抵擋自毀十分重要。

自制是管理生活的關鍵因素，許多心理學家都曾研究如何培養和維持自制技巧。心理學家博士羅伊‧鮑梅斯特（Dr. Roy Baumeister）指出，優良的自制力仰賴四大因素，分別是：

1. 自己對行為的**標準**（standards）；
2. 違反自我標準之前，我們對情勢和想法的**監控**（monitoring）；
3. 想達到這些標準的**內心驅動力**（motivation）；

4. 克制意念、以避免做出與期望相反的行動，所需之**意志力**（willpower）或內在力量。[11][12]

在達成自制過程中，有時雖欠缺某個要素，但其他要素的強度足夠，還是可以彌補過來。內心驅動力就是一個好例子：就算意志力薄弱，只要動機夠強烈，還是可驅使人自制。

接著就讓我們來逐項解說這四個要素，以便衡量你目前的自制力如何。當我們擁有正向的意圖時，我們就會為自己想要做出的行為和成果設下「標準」。此刻你應該具有足夠的「標準」，因為你心內已經設定了改變的目標，所以才會閱讀這本書，不是嗎？

其次，在前三章中我們已學到要如何辨認、檢視、運用各種方式來處理「行為發生之前」的各種情境、想法和感受。所以第二項要素「監控」也已經要具備了。到現在，標準和監控兩項你都已經拿下了。

剩下的就是內心驅動力和意志力。許多人在討論目標時，常把內心驅動力和意志力這兩個詞掛在嘴邊，尤其是拿來抱怨：「我對甜食很沒意志力，所以減肥失敗」、「我當然想要換工作，但每天上班太累，沒有動力去找新工作」、「每週運動五次，我實在沒有足夠動力辦到」。要不然就是抱怨自己不知道要怎麼提升內心驅動力或意志力。這兩個概念似乎抽象而難捉摸，但偏偏對達成目標很重要，所以常令人挫敗。

第一章裡面曾提過內心驅動力和意志力，我們現可以複習一下，看看兩者的差異。「內心驅動力」指的是推動我們邁向目標的一股力量，可說是讓人採取行動的推進能量[13]，與我們想追求的目標、如何追求目標有關[14]。而「意志力」指的是，為了實現自己立志達成的長期目標，而用來延遲自己的滿足、抗拒短期誘惑的那股力量。也就是說，內心驅動力讓你有推進力和意志力來維持在正軌上。譬如，夏天穿泳衣之前你想要減重，這是內心驅動力，但要靠意志力才能避免自己大吃特吃。研究顯示，一般人認為追求改變的最大阻礙就是意志力薄弱，但也希望能夠好好鍛鍊這個技巧[15]。

意志力：它是什麼

我常聽到個案會抱怨自己缺乏意志力。其實，他們自己難以抵擋誘惑，卻怪罪給意志力。彷彿是說如果老天沒有給你足夠的意志力，你就完了。其實，意志力不是無窮盡的資源[16]，過度使用會面臨疲乏[17]。會耗損意志力的情況很多，像是精神過勞和身體疲乏[18]、面臨的選擇和決策太多。當人從事需要控制自我的任務時，會讓腦中的葡萄糖存量耗竭[19]。也就是說，有具體證據支持「意志力會耗竭」的觀點。所以，人在深夜時特別難抵抗誘惑，這點不難理解，因為到了這個時間點，你的意志力可能已經耗盡了，所以亂吃零食和瘋狂網購的衝動最可能在此時出現。

不過有個好消息：意志力可以培養、保存和加強。本章就是要幫助你做到這一點。下一章中也會再談談這件事情。

我們需要盡可能汲取一切可用的意志力，因為自制技巧（意志力是其中一種）與達成目標所需的四個要素息息相關：

1. 開始執行；
2. 維持下去；
3. 停止沒有助益的行動，轉而採用有效的行動；
4. 避免在過程中心力耗竭[20]。

意志力這種資源既然不是天生，而是會耗盡，所以大家在朝向目標的過程中不免常會碰到意志力缺乏的時刻。人無法長期拿出意志力（意志力是自制的關鍵），尤其是當我們進入下一個階段更繁重的任務，需要更多自制才能成功。這有點像舉重。要使用身體的各種肌群來舉起重量，但做了幾組動作後，肌肉會疲勞，所以最後幾組動作會比一開始的時候顯得更困難。自制的「肌肉」經過多次使用後，會感到疲乏，此時更可能會放棄，讓你衝動行事或是思考不周全，因而增加了自我毀滅的風險。

如同在第三章所提到的，某些後果（尤其是負面增強物）特別誘人。舉例來說，愛拖延的人會逃避該做的任務，因為這些事情讓他們感到壓力大、緊張、焦躁。暫時延後能讓他們心情變好，在當下可以降低壓力，帶來欣慰感。可惜的是這種「優點」維持不久，任務還是沒做完，最終被上司訓斥的後果，只會讓壓力增加十倍。

但是，那個能在當下擺脫負面情緒的力量很強，且在遇到特定前因時，這類緊急脫逃的方式會變得更為誘人；尤其是先前在第三章找出的「建立型操作」（EO）（參考第三章末尾的「短版作業：評估自己的動機操作」及「長版作業：徹底擺脫纏人的EO！」當中所寫的內容）。若壓力已經爆表，且意志力降到低點，這時很容易讓人屈服於「良好的感覺」。舉例來說，剛跟家人吵架、沒有睡飽、不斷被自毀想法占滿思緒、工作壓力超級大還要在同事面前裝得若無其事等等狀況，都可能讓人特別無力且易激動。

很多人以為內心驅動力和意志力是內在特質，其實不是。它們是特殊的技能，只要稍加努力，就可以培養和強化。事實上，本章一開頭提到的「心理對照與執行意圖」這個組合技，就是專門用來處理這兩項要素的絕招。「心理對照」能加強你對目標的動力，而「執行意圖」能用來保存你的意志力（為了達到長期目標，抗拒短期誘惑的能力）。

心理對照

「心理對照」是心理學家加百列・歐廷根博士（Dr. Gabriele Oettingen）開發出的策略[21]，讓你說出自己的目標，接著看清楚阻礙在哪裡：想一想，當你達成目標後的生活會是什麼情形，然後與此刻正在耽誤你的原因相互對照。乍看之下這樣會打擊自己的信心，其實不是，它是讓你看清自己要對抗的對象是什麼，瞭解前方有什麼阻礙，才知道要如何清除障礙。它的重點是：想像你達成目標後的滿足感，以及到時候日常生活會有什麼樣的改變，從而使你預知達標之後會有多好。這樣就會使你有更強的內心驅動力來追求目標。

心理對照其實不難，因為人心可以幻想出非常生動豐富的情節。我們心裡的夢想，遠遠大於我們能夠實踐的時間與機會。[22] 並不是所有的夢想和憧憬（又稱自由聯想）都可能成真，[23] 我們也不可能把心裡的一切念頭都設為人生目標。舉例來說，觀賞太陽馬戲團的精湛表演後，我們可能想成為職業馬戲團演員，但如果你已經超過五十歲，也從沒受過任何訓練，你應該有自知之明，這個想法不可能成真。

那麼，我們要怎麼區別夢想和真正想要去爭取的目標呢？一般來說，我們只會下定決心去做自認有可能成功的事情。若我們相信自己擁有完成某個任務需要具備的能力，這就是我們的自我效能。要是對自己抱持懷疑，就可能會聽到心裡想著：「幹嘛浪費力氣？反正又不會成功。」前幾章已經介紹過一些自毀觸發因子，會使你退縮或產生顧忌，例如過度類化／災難思維、應當思維、非黑即白思考法、揣測他人想法、否認自己的正面事物、自我針對等等，並且介紹了一些加強自我效能的方法。

但是心理對照又再進一步，幫助你用公正超然、具象的方式去思考，自己想要的未來與現狀之間有什麼差距。知道差距在哪裡，就可排解認知失調（見第一章）——認知失調會造成嚴重的心理不適感，逼得你很想去消除這種落差。也就是說，心理對照能加強你的內心驅動力，使你盡可能去追求目標。以下我們就會說明心理對照怎麼運作、效果好在哪裡。

美好的未來，與眼前的情況，有多大的落差？

若無法在「想去的目的地」和「途中會遭遇的阻礙」之間畫出一個路徑圖，你的夢想就很難實現了。設好目標後，你可能會採用以下方法來實現目標：

1. 沉浸於對未來的美好幻想；
2. 專心關注當下情況，因為渴求的成果還遠在天邊；

3.在心中比較「未來的渴求成果」與「當下現況及途中阻礙」。

三種方法當中，只會有一個奏效。第一種方法是憑空想像，卻沒有行動，只注重構想，而沒有仔細考量達成目標的整個流程。第二種方法只看見眼前令人喪志的現實，而沒去設想自己想抵達的地方。第三種方法才是完美的搭配，因為可以把自己追求的目標與眼前的實況加以連結。研究顯示，這種結合能強化自我效能，使你更加投入達成目標[24]。心理對照就是一種視覺化的想像方式，把你連結到「我相信：目標會達成的」。要是缺少這種連結，達成目標的可能性就降低了[25]。這也解釋了，為什麼想減肥的丹尼，把運動員的照片貼滿屋子也沒用，因為他心裡不相信、不期待自己真的可以辦到。每天看著這些照片，反而讓他更落寞，不僅沒有帶給他動力，還不斷提醒他現在距離這些理想有多遙遠。

現在很流行「正向思考」，強調成功的關鍵就在於培養「半杯水是滿的」這種樂觀的生活觀。不過**研究顯示，單憑幻想美好成果，不但沒有用，還會妨礙人實現目標；把力氣放在願景，而非行動上，這樣會耗損能量，無法將能量用於追求目標上面**。大腦的運作方式很奇怪，僅僅是幻想著自己想要的事物，就會給我們「已達到目標」的滿足感，導致我們內心失去了「要拿出行動」的感覺[26]。要是我們光是「想像」，則大腦就沒有「動力」採取實踐行動。

另一方面，只把目光放在眼前狀況，而完全不去想自己所欲追求的目標，可能會讓你陷入此刻事事不如意的負面迴圈，加深無助、悲傷、緊張、挫折感等感受。另外，研究也顯示，滿腦子想著眼前的阻礙，大概就跟只想著美麗未來一樣，都是沒用的。思索著不順心的事情，可能會連結到憂鬱症狀，使你對於當下及未來都抱持負面觀感[27]，讓你更無法達成期待中的未來目標。所以，只關注「眼前的困難」或「未來有多好」，這樣都不會激發出行動，都無法啟動你的成功信念，也不會有努力追求目標的幹勁。

心理對照讓你能同時看清楚自己憧憬的未來，還有目前阻擋在前方的障礙，這樣你就知道必須要改變現狀，才能取得成果。這就好比是拿著地圖，看著自己在哪裡，目的地在哪裡，讓你想要找出路徑，前往終點。先想想正面的未來，再反思當前現況的負面之處，就更容易評估眼前是哪些阻礙，正在阻止我們達成[28]。

我們一方面抱持正向思考，一方面也認清現實，這樣會有雙重的好處：對於達成未來目標會有急迫感，也對於自己能否成功會有清楚的判斷。對成功的期望愈高，就會對目標更堅持[29]。若相信自己能夠達成目標，你的內心驅動力就愈強，連帶甚至會使你的血壓產生變化[30]。當你的身體、心理狀態都起了變化，會帶動「對成功的期待」轉化為「對目標的堅持與」[31]。

我們已經談了很多「心理對照」的概念和它作用的方式，接著就來實際測試這招，看看能帶給你什麼效果吧！

練習：心理對照

這個心理對照練習改編自歐廷珍博士的設計，非常容易。拿出你的日誌，開始發揮練習成效吧。

首先，想一個心願，而且是你真心相信自己有能力（只要有心）就可以辦到的事。用一到十分來為達成目標的信心程度評分，十分代表充滿信心。盡量想個至少有七分的願望。想好後，把目標寫到日誌裡。

花幾分鐘來想像心願成真的樣子，沉浸在那個美好的想像裡。感覺如何？達成目標的最棒之處在哪？達成目標時心情如何？把想到的都寫下來。

接著想像心願沒實現的情況。哪些原因造成的？你遇到什麼障礙（想法、情緒和行為）？在LIFE四大底層因素裡面，有哪些跑出來害你無法實踐目標？要是永遠無法達成目標，你最害怕什麼？會有什麼感受？

讓我們回過頭來看看丹尼的例子。他的目標是減重十四公斤。但是，光有目標卻沒有行動計劃，這樣還不夠。因此我請他依照自己的能力，訂出務實的所需時間，他的答案是一年。用一到十來評估一年減重十四公斤的信心程度，他給了五分。這樣的信心程度其實太低了，如果是你的話，此時你必須從頭設想，請參考「前言」提到的SMART目標，可以把時間拉長，或者是把終極目標分割成較小的步驟來進行，讓你的目標至少有七分把握。研究表示，愈相信自己能達成目標，就會更能堅守目標。丹尼把時間延長為十八個月，修正目標後，他的信心分數增加為八分。

目標：在十八個月內減重十四公斤。

寫好明確目標後，丹尼思考了一下達成目標之後的感受：

我終於做到了！好幾年來的心願！減重最棒的一點就是能回復良好體態，不會因為減肥失敗而羞愧。我覺得自己更健康、更有活力。我對自己的成就感到滿意，很自豪，而且能在親朋好友面前抬起頭，因為以前我滿口說要減重，這麼久後終於真正實現了！

丹尼對於阻擋他的事，倒是看得很清楚：

我以前就一直減肥失敗，我最大的阻礙就是自己。我因為減肥失敗而感到丟臉，常常因為看電視時吃了一塊餅乾，就告訴自己飲食計畫已經全毀了，幹嘛還努力？就會忍不住再吃一塊餅乾，然後就接連吃了一大堆。要是我永遠達成不了目標，我擔心健康會出狀況，最後可能要服藥或是截肢。萬一我減不下來，我會覺得自己完全慘敗。

丹尼提出了許多具體感受和生活中比較不堪的細部情境，包含羞愧、自己很失敗等負面感受。他也注意到自己擔心飲食過量導致的後果，可能要服藥或產生行動障礙。這些是他想要避免的事，讓他有驅使力量來告訴自己：「我現在就要做出改變。這種事不能等。」有時我們就是需要這股推動力量，讓自己停止傷害自己。我們要追求的目標很重要，而且我們知道，就算向前邁進會讓人不安或害怕，但我們還是會繼續，因為目標太重要了，非爭取不可。唯有如此，我們才能步上成功之路，不讓「避免威脅」的衝動凌駕於「獲取獎賞」之上。

做以上練習時，盡可能把細節交代清楚，你就能培養更強的動力。所以，花些時間把這些細節寫到日誌裡，才不會忘記，而且以後可以快速找到內容。

執行意圖

「心理對照」讓你可以精準抓出目標，強化自己對目標的堅持，也能找出可能阻礙目標實踐的問題在哪。相較之下，「執行意圖」則是列出通往目標的明確路線圖。執行意圖就是預先想出解決問題的辦法，然後拿出意志力與內心驅動力去執行完美的計劃，並且抵擋短期的誘惑。別忘了，大腦的預設就是省力，盡量讓行為或反應可以自動化出現。因此，如果我們能事前規劃好，行動就容易自動出現。這就像我們替大腦設立了一個捷徑，只要一點選就自動開啟——尤其是當情況比較困難的時候，大腦本能上會想透過捷徑，以便減少認知負擔。所以事前做好準備，就能確保讓大腦願意採用這個計劃。

有時我們的出發點是好的，也認真看待目標，但卻沒有拿出行動[32]，因為我們很容易被眼前的障礙所攔阻。而「執行意圖」這個工具，就可讓我們準備好計劃，以便因應讓我們偏離目標的突發狀況。

舉例來說，潔妮需要一個明確的計畫，來抵抗「一直追劇」的當下誘惑，這樣才能把時間組織起來，用來撰寫工作上的報告。執行意圖幫助她拿出最大的意志力，也能夠在意志力耗光時提供防護措施，因為事前已設好了行動方案，就算她太疲勞或壓力太大而腦袋一片空白，也能依照事前的固定規劃，讓大腦進入自動導航模式就好。

如果你無法抗拒那種「會讓你感覺良好」的強烈意念，例如縱情大吃大喝、懶惰不投履歷、取消與人的約，那麼就可善用以下會介紹的「若A則B」法則。只要在心力耗盡之前，先用正確的方試做好安排，這樣你就有了一套現成的 SOP。屆時只要按照SOP去做，就能夠穩穩朝目標前進。

若A則B法則

我們需要使用周延的思考與正確的意圖，才能預先做好規劃，使我們知道在特定情境中，最佳的行動方案為何。日後當這個情境發生時，你就可以直接啟動事前已規劃過、目標導向的行為，無須在壓力下匆忙找解決方案或評估眼前各個選項的利弊。這樣的優點在於，當你的認知能力在壓力下已經負荷沉重了，這個時候就不必佔用寶貴的認知資源來倉促決定該怎麼辦，從而降低了決策疲乏的可能性。

執行意圖是戈爾維策博士（Dr. Gollwitzer）[33]創發的策略，告訴我們何時、何地、如何達成目標。這是一套很棒的工具，特別適合用來建構一套「克服自毀的衝動」的計劃。它的架構很直接，一句話就可涵蓋：「若A，則B」。

- 若晚餐後我很想吃甜點，則我就改成外出散步。
- 若我想吃甜點，則我就採用「正念」進食法，用極慢的速度、注意到自己的一舉一動，緩慢把它吃完。然後一面吃的時候，不要同時做別的事（像是邊看電視）。接著把剩下的甜點都收進冰箱（看不見，就不會忍不住一直吃）。

這個「若A發生則我就用B來回應」的架構[34]，是把「預期會發生的前因」（尤其是建立型操作EO）連結到「避免自毀反應的措施」。預先把A（情境）寫下，能強化你對目標的堅持，提出清楚的行動計劃，讓你知道萬一陷入某些情境時要怎麼回應[35]。

研究顯示，「若A則B」的陳述強化了大腦辨認情境的能力[36]，幫助你預先規劃出回應的方式[37]，到時就能照辦[38]。「若A則B」策略就像地震或火警的逃生計劃，在真實的情境發生之前就規劃出最近的逃生出口，預先演練，這樣日後在慌亂的情況下，也能自動知道該怎麼辦。同理，「若A則B」是一套逃生計劃，使你更接近目標，並且抑制自毀的本能，在緊急的時刻就不用再去思考或質疑下一步怎麼做才對。

練習：寫下「若A則B」陳述句

這些「若A則B」的句子就是你的急難救助包。首先，我們先把上一章末尾的長版作業「徹底擺脫纏人的建立型操作EO」當中找出的前三大EO，記錄到日誌裡，然後為每個EO寫下一個「若A則B」的陳述句。日後萬一自毀習性出面干擾你對於目標的追尋，你就有應變計劃可以使用。

有效的執行計劃

「若A則B」簡單到難以置信，但就是這麼簡單！不過，這裡還是先提供幾項指引，幫助你發展一套有利於實踐目標的陳述句。

首先，句子要非常明確。研究顯示，目標太抽象的話（例如「改善健康」），通常無助於堅定追求目標，也不像有明確目標那樣，成效比較好[39]。為了讓「執行意圖」得到最佳效果，若A則B一定要寫得很具體，這樣不僅可以加強你使用「要是A，那麼B」策略的意願，也更可能落實執行。要是需要多寫幾個不同場景的「若A則B」，那也很棒。

舉例來說，丹尼察覺到自己無聊時會想要一直吃零食，很可能去拿整包洋芋片或巧克力餅乾，就算肚子不餓的時候也會這樣，只因為「沒別的事情可做」。

丹尼嘗試寫的第一個「若A則B」陳述是：若我覺得無聊，則我就去畫畫，而不要吃點心。

很不錯。但是沒有考量到一開始「無聊」這個情境底下的幾個重點。要是丹尼覺得無聊時，沒有畫畫工具怎麼辦？若他「覺得既無聊但也不想吃東西」怎麼辦？還有，就連「則」之後的句子都能進一步加以釐清。要畫什麼？用什麼畫筆或顏料？我和丹尼討論後，他把「若A則B」句子調整得更具體有效了。

執行意圖一號：若我下班後在家覺得無聊而想要吃甜點，則我就從書桌抽屜拿出素描簿和鉛筆，畫幾個素描草稿。

執行意圖二號：若我下班後在外面覺得無聊而想要吃甜點，則我就拿出手機來玩五到十分鐘的遊戲。

執行意圖三號：若我在晴朗的週末覺得無聊而想要吃甜點，則我就穿上跑鞋出門散步二十到三十分鐘。

想讓「若A則B」發揮功效，一定要清楚寫出情境（若…），以及後續的行動（則…）。要把地點、時間點、行動要多久時間等都寫清楚。

其次，從最容易觸發自毀的情境著手。我們在上一章找出了自己的頭號EO。這些是最常導致自毀的情境，所以就優先為這些情況設計「若A則B」方案吧。經過前幾章的練習，你現在已經懂得如何辨識這些情境，也知道情境涉及的類別很多，包含想法、感受、記憶、人、事、物。所以，現在要想出最容易爆發且造成嚴重自毀的項目，應該不難。你會發現，從最容易觸發自毀的情境著手，會創造出最明顯的改變，而且等你察覺到這些正向改變（例如在自毀行為出現之前，成功加以阻止），會反過來提升你的內心驅動力，使得整個情況轉好！

在沒有壓力的情況下寫出「若A則B」策略。為什麼要事前寫好這些策略？因為這樣才能趁著我們還擁有充足意志力的時候，運用我們的決策技巧。譬如，我喜歡在週末早晨寫「若A則B」策略，因為在那個時段沒什麼立刻要做的事，家裡也很安靜，而且我剛睡飽起床。你也可以先深呼吸十次，放點音樂，或是換上輕便的服裝再開始寫。我有個客戶很喜歡點燃香氛蠟燭，或放精油到水氧機裡，然後把燈光調柔和，穿上寬鬆的浴袍，帶著日誌坐到沙發上開始寫。你可以自己選用最佳的方式，重點就是要營造出舒適、平靜、不易分心的環境。

用手寫！執行意圖要能發揮作用，就要具體寫下來，光在腦裡想還不夠。拿筆寫下，不僅讓內容更真實，展現我們的決心，也是一種演練，可以加強學習，深化記憶。本書任何練習，都勉強可以使用電子日誌或筆記軟體來寫，唯獨在這個「若A則B」策略上，必須動用紙和筆。研究證實，紙筆書寫的效果遠勝筆記軟體。帕姆．穆勒博士（Dr. Pam Mueller）和丹尼爾．奧本海默博士（Dr. Daniel Oppenheimer）的研究指出，手寫筆記的學生，在高階、複雜、抽象考題的表現較佳，雖然手寫能記下的資訊量，小於用筆電記下來的資訊量[40]。（而且，天知地知大家都知，用筆電是多麼容易分心！[41]）所以拿出可靠的、老派的紙和筆吧。我保證，你用紙筆寫下來的執行意圖，一定會比你用筆電打下來的更容易回想。

抄寫，閱讀。寫完「若A則B」策略之後，抄到便利貼上，貼在家裡各處；或抄寫成提醒小卡，收進皮夾隨身攜帶；也可以把這些小卡放在最容易引發自毀的地點。譬如，把便利貼貼在你無聊時最可能去吃的餅乾盒子上，或貼到電視遙控器上（假如你知道自己很可能會看劇入迷而拖延正事）。其他任何想放的地方也都可以，不過要記得每隔幾天就要拿出來複習，還有在必要時做些調整。如此重複能讓這些「若A則B」陳述句在心中穩固下來，日後若有需要使用的情境發生時，就能夠迅速而自動地實行。

好，現在就開始實做吧，先從最可能讓你自毀的情境開始。

使用執行意圖，達成目標

有時候，自毀的行為會突然冒出來，使你猝不及防。若你察覺到自己快要做出自毀的行為了，此時若想盡快讓生活回到正軌，就需要「執行意圖」這個避難的緊急措施。我們可以直接套用到本章先前談到的「達成目標所需的四個要素」（請見第二〇七頁）之上。

1. **開始執行**。研究顯示，如果人能夠透過「執行意圖」策略，寫出何時、何處、如何展開行動，那麼比起單純寫下目標的人[42]，或是單純立志要準時完成任務的人[43]，成功率高了三倍。此外，雖然知道達成目標對自己最好，但一開始很不情願的人，若能實施「執行意圖」策略，將能更輕鬆拿出具體行為達成目標。[44][45][46]
2. **維持下去**。感到焦慮、勞累、認知疲憊、分心或受到誘惑時，很難保持專注。此時「執行意圖」能降低負面情緒帶來的干擾[47]，讓你避開負面、不愉快的情緒，免於偏離目標[48]。要是你事先已做好了規劃，就比較不會被臨時出現的負面因素干擾。

3. **停止沒有助益的行動（轉而採取有效的行動）**。若你察覺自己又進入了熟悉的無效行動模式，偏離了原先的軌道，這時候就可以靠著事前規劃好的「執行意圖」來修正路線[49]，免得你被迫在缺乏內心驅動力、無法客觀評估情勢的狀況下必須做決策。這有點像是把ＧＰＳ預先設定為「選擇交通最順暢的路線」。

4. **避免在過程中心力耗竭**。執行意圖能幫你節省認知力量，降低心力耗竭的風險。研究顯示，運用執行意圖在某個任務中自我調控，並不會減損後續任務的自制能力。也就是說，如果你在某個情境中能遵照計劃，那麼未來依舊有能力應對更多挑戰[50][51]。

以下三個練習，將綜合運用本書到目前為止提到的各個技能，幫助你完美處理「強化內心驅動力」與「極大化意志力」這兩個層面的問題。

小撇步：透過「視覺化想像」和「若A則B」法則，看見內心驅動力與意志力的增長（10分鐘完成）

要是你覺得自己馬上就要做出自毀的舉動了，這時先深呼吸十遍，開始想像兩個杯子：一個上頭標籤寫著「內心驅動力」，另一個寫著「意志力」。想像兩個杯子的水愈來愈多。記住，你正在採用本章提到的技巧來強化內心驅動力和意志力，你現在擁有的自制工具比以前多了。這個練習可以使你在最需要信心的時刻，提供信心能量給你，且提醒你：你有能力，可以對抗「躲避危險優先，追求獎賞次之」的這種不良衝動。接著寫出至少一個你用來提升內心驅動力的具體做法（例如：我昨天練習了心理對照），還有你用來提升意志力的做法（例如：我在最愛吃的餅乾盒子外貼上了「若A則B」法則便利貼）。

短版練習：演練「若A則B」法則（24小時內完成）

回到本章先前「寫下若A則B陳述句」的練習，選出一項你寫下的執行意圖，並且規劃在未來二十四小時內做出兩次練習。在前半部的「若」這個部分，最好能夠多多操練如何抗拒那些會讓自己偏離目標的思維。

舉例來說，丹尼決定要試試用他寫的「若A則B」來抵抗不知不覺吃零食的習慣：「若我在家坐在沙發上想要吃點心，則我就從遊戲室拿出拼圖，拼個二十分鐘。」

丹尼規劃好，當晚就要操練前半部「若A」的部份。他坐在電視機前，一包洋芋片就放在不遠的茶几上。

預備好後，他開始針對自己「坐在電視機前、洋芋片就在旁邊桌几上想去拿來吃」的念頭打分數，一分代表輕微的衝動，十分是最強烈的衝動。起初，他覺得大概是五分吧。

接著，丹尼演練後半部「則B」的部份，再度以一到十分來評估對這部份描述的行動的強度。

根據丹尼的執行意圖，他要拿出拼圖拼個二十分鐘，用來替代吃點心。拼圖時必須雙手並用，很難同時吃著零嘴。在這次的練習中，他確實計時了二十分鐘，結束後他重新為吃點心的意念打分數，這時只剩下兩分。

現在換你試試囉！請決定好你要操作的「若A則B」陳述句。別忘了，在開始練習前先幫自己的EO評分，然後在活動結束時，再看看自己的思維有沒有改變。

這個練習可以加深對「執行意圖」的學習，取代不良的ABC效應。從現在起，你可以用更具體的作為來決定事情該怎麼發展，日後有需要時就輕鬆切換到正確的新行為模式。

長版作業：利用「心理對照與執行意圖」來練習「達成目標所需的四大因素」（7天內完成）

這項練習結合了心理對照與執行意圖，讓你在追求嚮往的目標時，可以強化內心驅動力，發揮最大意志力。我們將把心理對照與執行意圖套用到「達成目標所需的四大因素」上，包含「開始執行」、「維持下去」、「停止無用的行動（轉而採取有效的行動）」、「避免在過程中心力耗竭」。如果在接下來的這一週，每天專心處理一個要素，能讓本練習的學習效果放到最大。

第一日：「開始執行」與心理對照與執行意圖

首先挑選出一項你有七分以上把握能完成的目標。在日誌中寫下目標和你的答案。**目標：**________________

接著花幾分鐘時間想像，如何用很有效率的方式開始朝著目標前進。不要設限，讓想像力盡量發揮。想像自己可以做到，而且做得很棒。問自己以下三個問題，盡可能把想到的一切都寫下來。

- 達標後，會發生什麼事？
- 達標後，最美好的一點是什麼？
- 當時你會有什麼感受？

如果目標未能達成，則花幾分鐘想像一下：哪些阻礙導致你失敗，哪些事情干擾了你追求目標。問自己以下三個問題，盡可能把想到的一切都寫下來。

- 你遇到什麼阻礙（哪些想法、情緒和行為），導致無法拿出作為，開始追求目標？
- 萬一無法順利開始執行，你最害怕什麼？
- 你會有什麼感受？

接下來針對「開始執行」這個要素，寫下至少一個「若A則B」的陳述句當成對策，拿來處理萬一無法拿出積極行為開始追求目標的情形。

在這一週當中再挑三天，分別針對另外三項要素，完成練習。

第二日：維持下去的心理對照與執行意圖

在本日中，盡量想像自己在達標過程中能夠堅持下去，想像自己能做到，而且做得很棒。

接著花幾分鐘想像，是哪些阻礙導致你無法持續追求目標。

第三日：停止無用的行動（轉而採取有效的行動）的心理對照與執行意圖

在本日中，想像你已經找出是哪些行為對你達成目標沒有幫助，然後停止這些無用的行為，改採有效的、新的行為。不要設限，讓想像力盡量奔馳。想像自己能做到，而且做得很棒。

接著花幾分鐘想像，是哪些行動導致你沒有辦法終止無效的行為、改採有效的行為。

第四日：避免在過程中心力耗竭的心理對照與執行意圖

最後，想像自己持續朝目標前進，而且過程中不會心力耗竭。不要設限，讓想像力盡量奔馳。想像自己能做到，而且做得很棒。

接著花幾分鐘想像，是哪些阻礙導致你的心力耗竭。

「心理對照」和「執行意圖」兩者用處不同，分別處理目標追求過程中的兩個不同階段。無論你最終的目標是提升生活品質、完成馬拉松、職場升官還是享有圓滿感情，只要目標訂得明確，將障礙找出，接著做出具體規劃來應對目標求取過程受阻的情境，你就能夠知道自己要往哪裡前進，也已經有了良好的計劃，可以應變突發狀況。

本章重點回顧，以及下一章精彩內容介紹

現在，你的日誌裡應該已經寫下了好幾個「若A則B」陳述句，接著就必須落實囉。多練習幾次，這樣才能自動召喚出自制的技能，足以處理追求目標之路上碰到的新挑戰，好讓你能繼續加強自我效能，盡早根除自毀的嫩苗。下一章裡，我們要來談談要怎麼樣長期維持這樣的專注狀態（例如幾個月或幾年），而不是只在面臨壓力的當下而已。

第5章

步驟五：你的價值觀是什麼

「自我毀滅」不會只出現一次就消失了。對很多人來說，自毀會以不同形態長期出現，不斷干擾我們追求最佳的個人生活與職場成就。若想確保自己能持續朝著目標前進，並且真正去除自毀的習性，我們就必須拋棄傳統上看待「快樂」的觀點，轉而追求另一種滿足感：當我們每日與自己的價值連結時，會帶來的滿足感。真正的幸福快樂，其實來自於「追求符合自己深層核心價值的目標」。

作家凱倫・諾蒙（Karen Naumann）說過，如果生活中「必須不斷妥協自己的價值觀，就好像是燃起小小的火苗，總有一天會釀成火災，而你自己就是第一個受害者。」[1]若能瞭解自己的價值觀是什麼，並且每一天都立定心志，要秉持著價值觀過活，則這份堅持的心，就是你的內心驅動力和意志力的堅強基礎，同時也能全面強化你的自制技巧，提升你的生活。如果你設立了某個目標，而這個目標符合你的價值觀，不僅能有前進的動力，意志力也會始終滿血。就算受到誘惑而想暫時逃避，此時只要回歸自己的價值觀，就可以再度拿出內心動力及意志力，始終維持在正軌上而不會步入自毀。

讓價值觀來指引你的行為和決策，就能驅散會導致自毀習慣的不安感覺。讓價值觀來幫助你的自我實現，就是為你的信念、行為和生活方式設下標準。每個人的價值觀不同，但透過行為、信念、與他人的關係都可以表現出自己的價值觀。把價值觀當成人生的指引，就有助於建立出標準，讓你在追求自我實現和邁向目標的同時，能夠有個制衡機制來監控自己的狀況。

價值觀位居我們人生目的與意義的最核心深處。有些價值觀屬於個人層面，有一些則如蘿拉・帕克斯（Dr. Laura Parks）和羅素・格威（Dr. Russell Guay）兩位學者所說的，是屬於社會的信念準則，用以指引個人應有的行為舉止[2]。價值觀不是道德，不是倫理，而是代表對每個人重要的事情，賦予人使命感。

價值觀是人類生活的關鍵，所以價值觀經常與我們想要追求什麼目標有關。價值觀也影響著我們追尋目標時能否成功，尤其是長期的目標。要是你的目標不符合自己的價值觀，就很難完成，因為人在「欠缺意義」的情況下不太可能堅持或努力。如果你曾經有「達成目標後感到很虛空、很困惑地問著『然後呢？』」，就代表這個目標缺乏有意義的實質內涵。

說到要克服自毀，重點不只在於達成目標。其實，幾乎所有的自毀行為，像是拖延、購物狂、逃避親密關係、暴食、亂花錢、職場上不願承受風險等，這些都需要長期的努力才能擺脫。為了徹底去除自毀問題，要有長期的策略才行，這樣就算等到剛設完目標的熱度已經過了，你還是能夠維持專注，保有動力。而這種不屈不撓的精神，就來自於你在人生中最看重什麼，你最想捍衛什麼。這也就是價值觀的意義所在。

價值觀是維持自制的終極方式，不僅是維持一天或一星期，而是長期持續下去。價值觀能強化我們的意志力和內心驅動力，同時也是自制力的另外兩大因素（設立標準、監控，見第四章）的基礎。價值觀可以說是你最深層、烙印於內心的標準，時時把價值牢記在心，你就可以維持你所設下的標準，且這些標準會符合你看待世界、與外界互動的方式。價值觀也能當作放大鏡，用來檢視自身行為，確保你的行為與自己秉持的立場一致。

前一章中，我們學會了透過「心理對照」來強化內心驅動力，而價值觀也有同樣的效果，使你不僅僅是在情況艱難時可以獲得內心的激勵，更能長期維持動力。追求目標時不會永遠順利，途中會遇到考驗，進展也可能萬分艱難。而內心驅動力會隨著時間遞減，可是價值觀能讓你重振精神，加深你的決心和毅力來不斷向前邁進。此時雖然不知道具體的下一步該怎麼做，但這就是「執行意圖」發揮功效的時機了。

事前預備好執行意圖，能讓你不用在高壓時期靠意志力苦撐，能讓你抵抗短期誘惑或暫且的安逸。執行意圖並不是直接增加意志力，而是在緊急時刻多幫你保存意志力，使你在當下能好好利用仍有的意志力。

在本章中，我們將學習：長期來看價值觀如何強化意志力，以及如何節省意志力這個寶貴資源。研究顯示，人對自己的目標充滿信心時（因為這是受到自己內心欲求推動，而不是想去取悅他人），意志力就會增加，也不會輕易就耗竭[3]。若將本章學到的技巧，合併使用第四章提到的一些工具，能讓你意志力強勁持久。

還有，價值觀對於停止自毀而言也非常重要，更有助於追求真正的幸福快樂（當我們實踐了自己的價值觀，就會獲得幸福快樂）。不過我們在此必須先定義「快樂」，而答案可能出乎你的意料。

小知識：當你的目標和價值觀脫節

我們常會設立「不符合自己價值觀」的目標，所以才會經常失敗，或在達標後覺得空虛。舉例來說，夏天到了，你想美美的穿上泳衣，因此決定減肥。一旦夏天結束你就復胖了。這點很讓人失望，但也沒什麼好驚訝的。因為你的「目標」跟「夏季」綁在一起，而不是建立在健康生活這個價值觀上。

在本章中，我們將學會如何找到自己的價值觀，接著再明確訂出符合這些價值的目標。若不管目標與價值觀是否符合，只是傻傻一直堅持追求目標，這就是本末倒置了。做完本章的練習後，請回頭檢視你現在的目標——這些是你還沒有想清楚自己的價值觀之前，就先設下的目標。

如果發現此刻的目標不符合自己的價值觀，那就請思考一下如何將兩者結合。如果某個目標跟你主要的價值觀差異太大，不太可能折衷，那我就得誠實提醒你：這真的是你想要的目標嗎？若沒有達成，有差嗎？你為了這個目標如此努力，是想討好誰？或只是跟風？如果這個目標並沒有緊扣著自己的價值觀，或根本連邊都沾不上，那很可能註定要失敗。不管你此刻覺得這個目標多重要，你已經投入多少努力，你最好還是深呼口氣，然後放下它。從好的方面看，這能讓你有機會建立符合價值的新目標，等你達成後會覺得更有成就感。

快樂是什麼

我們常會談著「快樂」，卻沒想到為什麼要設立目標！多數人都會說，設立目標是為了要得到幸福快樂：減肥成功就會很快樂、得到晉升就會很快樂。雖然快樂聽起來是不用多加解釋的觀念，但還是需要一些探索，因為這對我們認定的人生最重要之事而言，非常關鍵。

人常把「得到生活中想要的事物」跟「快樂」畫上等號。追尋快樂是人性恆久的道理，所以各個世代都探索和定義過快樂／幸福。重量級哲學家如亞里斯多德思索過幸福快樂的定義，並在《尼各馬科倫理學》（Nicomachean Ethics）文中把它描述為：「人類唯一為了自己的欲求。」近代更重視幸福快樂，除了心理學領域的正向心理學之外[4]，還有心靈勵志類型的活動也關注如何求取快樂。人人都要快樂，但快樂到底是什麼？

傳統而言，幸福就是體驗到各種正面或愉悅的情緒，如滿足、愉快、喜悅，也可以說是免除了壓力、內疚、憤怒、羞愧、緊張、悲傷等負面情緒。這種傳統且大家所熟知的幸福觀點有個問題，就是強調「增大愉悅、減低痛苦」，這種快樂感又稱為「享樂式歡快」（hedonic happiness），這個概念可追溯到西元前第四世紀的希臘哲人時代，他們認為人生的目標是體驗最大的愉悅感，這概念即為所謂的「倫理享樂主義」（ethical hedonism）。現代的心理學家擴展這個觀點，為享樂式歡快界定出三個部分：

1. 對生活滿意，
2. 擁有正面心情，
3. 沒有負面心情[5]。

看到這三個組成的元素，你應該有些警覺：這種快樂的基礎是「同時」盡可能獲取獎賞和盡可能避開威脅（含身心方面）。也就是說，這是想要兼得兩種好處。享樂式歡快連結到的是人當前的感受，而這種幸福感只是暫時的，可能源自度假、享受美食、滾床單或遇到刺激事物所帶來的感受。這些良好感受只能持續有限的時間，然後就會減弱或消失。要是我們只關注這種歡快，把它當成人生的宗旨，就可能會盡全力避免負面感受。這種盡全力躲避身、心不適感的做法，稱為「經驗迴避」（experiential avoidance）。

學者史蒂芬・海斯博士（Dr. Steven Hayes）指出，經驗迴避是指「意圖避開某些思緒、感受、記憶、感官刺激和其他內在經驗，而無視這麼做長期會帶來害處」[6]。聽起來很熟悉嗎？這不就是人們「不計任何代價、想盡辦法逃避真實或想像中的威脅」的寫照嗎？這種長期、連續的退縮，不只會磨蝕動力、削弱意志力，也會影響整體的生活狀況。日常生活難免有起伏，要是每次遇到考驗就想避免，我們就可能會放慢了追尋目標的腳步，也限制了自我成長和改變的能力。

如果我們追求的幸福是「享樂式歡快」，我們就會更想要避免不愉快的想法與感受。如果我們對快樂的定義是「充滿正面情緒、沒有負面情緒」，那麼我們的思想和行動就容易時時刻刻都想增大愉悅感，減低不適感。可是每個人都會感受到苦難，這是人生的一部分，偏偏我們愈想掙脫這一點，愈易引來更多痛苦和災禍，因為我們並沒有真正在過生活，沒有挑戰自我，甚至還剝奪了自己去經歷某些事件的機會——這些經歷雖然會帶來考驗，但也可能造就精彩而深具意義的生活。

要是你對於為什麼要做某事，以及這件事的重要性，缺乏一個穩固的信念根基，你就經不起引發自毀的影響因子之考驗，你可能會被享樂式歡快的觀念攻陷。譬如，你可能因為朋友去動物之家當義工，所以也跟著去，但你對於服務、照護生命這件事，缺乏深刻的價值。因此你可能只是當下感覺良好，可是缺乏持續下去的意念。

若你不知道「為什麼」要面對眼前的痛苦，就更難撐過去了。而價值觀正是因為如此才顯得重要，它可以幫助我們徹底根除「逃避不適感」的習慣。

那麼，我們應該要追尋哪種快樂觀？答案是「至善幸福」（eudaimonic happiness）。這種幸福的概念來自於，當人努力追求人生使命、挑戰和成長的時候，幸福就會出現，也就是要根據真正的自我[7]來活出有意義的生活，實現自己的真正潛能[8]，這樣創造出的自我價值感更能久存。想要獲得至大的幸福快樂，目標就不見得是「盡可能讓自己的情緒舒坦、盡可能避免負面情緒」，而應當是「專注於行動，過著良好的生活」。

至善幸福並非來自追求愉悅感，而是來自於我們發揮個人的長處和德行（過程中會有艱辛）[9]。當然，當我們日子過得順遂的時候，歡愉感和正面情緒狀態（亦即，享樂式歡快）也會出現。不過，致力於追求「至善幸福」，就代表我們體認到：追求有意義的事，過程中一定會伴隨出現負面思緒和感受，會有艱辛和充滿壓力的時期。可是因為我們堅守初衷，所以比較願意承受偶爾出現的負面、沮喪感。

有時候，我們難免會把享樂式歡快和至善幸福混為一談，覺得沒什麼差別。此時就很容易步入自毀之路，因為你誤信真正的快樂就等於沒有負面情緒與艱辛的體驗，所以「感覺很好」就等於成功。但這完全偏離事實。追求至福實際上保證你會遇到考驗，遇到不舒適的片刻，有時甚至還相當痛苦難熬。

目標和價值觀愈相符，我們就愈有意志力和能量來拚命實現夢想，而且就算知道未來有艱難時刻在等著我們，依舊堅守目標。所以，現在就來投資真正的幸福吧！接下來我們將進一步檢視價值觀這個東西，以及它與目標的關聯，目的是要確保「目標與價值觀相符」，以便從源頭根除我們的自毀問題。

小知識：LIFE、價值觀與快樂

導致自毀的LIFE四大底層因素，背後是我們的信念和看待世界的方式。而價值觀正是LIFE的最佳解藥。當我們找出自己想要透過生活（及工作、感情與日常活動）所傳達出的價值觀，同時就是在建立我們人生的意義，然後根據這個意義來行動。這樣就會形成一股能量，克服LIFE四大因素的阻力。人有時會傾向沉溺在LIFE四大因素裡，因為我們覺得「避免不愉快、負面、受威脅的情境，就會快樂了」。但這是不可能的事。而且若我們的人生受制於LIFE四大因素，就會更加遠離自己真正想要的生活。有時候，要堅守自己最重要的價值觀來過活，是很辛苦的事，但這些負面的辛苦只是暫時的，到頭來你反而會覺得更加滿足踏實，且會因為自己度過了這些挑戰，而更覺得自豪。我們在生活中守住了自己的價值觀，就能感受到至福；而當我們朝著目標前進，取得進展的時候，也能體驗到內心湧出的歡快感。如果你依循著自己的價值觀來分配時間與精神，你的外在就會流露著一種喜悅，那是你內心充滿的喜樂，也是一種長久的快樂，不只是一閃而逝的短暫快樂罷了。

價值觀有什麼用？

價值觀和目標都能提振我們的動力，但兩者在性質上很不同：目標是目的地，價值觀則是行進的方向。想像一下，你開車在濱海公路上，沿途停車好幾次，下來看風景、吃東西、一路造訪朋友。但是，你終究會回到路上繼續你的旅程。同樣道理，目標也可以是結婚、移民紐約、讀書、去希臘旅遊、考取不動產經紀證照、跑完全馬……這些就是人生公路上的各個停靠站，而整條路的建造基礎是你的價值觀：誠實、好奇、群體、信任。

價值觀代表人想要堅守的信念、自己與世界的關聯、我們希望他人對自己的觀感，所以你可以時時刻刻都活出這些價值觀，尊重、遵行並且進一步擴大這些價值觀。這些價值觀，不像待辦清單那樣，做到就可以劃掉，而是要每天每日去堅持，因為這些就是你日常生活的根本。價值觀可以是誠實、幽默或有創意等，當我們依照價值觀行事時，我們就是真誠的人，我們的言行舉止「對齊」了內心最深層的動力和意念，此時我們會更有活力，心裡也更滿足。把外在的行動和內在的價值觀結合，長期下來能讓你的行動更有意義，也能促進強力耐久的使命感。所以，多注意、多培養自己的價值觀，除了能提供實踐目標路程中的內在驅動力，也能在達成目標後，持續提供動能。

清楚知道自己的價值觀何在，那麼在遇到艱險的時候，也知道方向何在，也能讓你穩步行動。作家奧黛．羅德（Audre Lorde）說過：「只要我勇於變得強大，把力量用來貫徹我的願景，那麼內心的恐懼就顯得不重要了。」只要有價值觀為基礎，你的內心驅動力就更為堅強，更不會一遇到阻礙就放棄，也不會做出自毀的行為，妨礙自己前進。因為我們內心有一個更大的使命，追求一個更大的益處，所以我們外在就可以忍耐、接受這些暫時的不適或使人不快的感受。這會讓潛在的負面想法和負面情緒顯得沒那麼急迫了，也能減少它們對你造成的衝擊，使你繼續朝目標邁進。

相形之下，如果你無法看清自己正在受苦的意義何在（不管這個苦難有多麼輕微），你都可能想在當下能躲就盡快躲，而不會好好去面對、承受，最後真正克服苦難。若你無法落實自己的價值觀，會缺乏踏實感，也會失去日常生活的動力。

那麼，要怎麼樣才能找出我的價值觀呢？

每個人都有價值觀。個人的獨特價值觀，會決定哪些事情對我們而言很重要、很有意義，它們就像是天上指引方位的星座。我們的價值觀可能源於父母、信仰或潮流，你也可能不理睬父母的價值觀，形成自己的一套價值觀。許多人不知道自己的價值觀在哪裡，但卻對於自己原生家庭、所屬機構或整體社會的價值觀很熟悉。

若能花點時間找出自己的核心價值，就能提供自己一套行事的守則，從而影響每天所做的各種選擇。這能給你紮實的根基，來打造、維持自制力。如果沒有清晰的價值觀，你就更可能會出現「經驗迴避」，因為麻痺自己或是轉移注意力在當下看似比較有利，於是你就容易跟著外界的變化起舞，而沒有穩定的持守自己看重的價值。所以說，我們與價值觀的連結很重要，能讓我們永遠避免自毀。

以下的練習能讓你更清楚知道你的價值觀，取回原本屬於你的主導地位。

練習：巔峰體驗和價值小卡分類法

這個練習能幫助你找出自己內心最珍視的價值。先前在第二章曾經約略提過心理學家馬斯洛的需求金字塔理論[10]，金字塔最下面的四層驅動著我們的生活，若沒有滿足的話會帶來焦躁不安：飲食和睡眠等生理需求、安全需求、友誼和親密關係的社交需求、自尊及認同感等自我的需求。馬斯洛把金字塔的第五層稱為「自我提升需求」（growth need），因為相對於要解決某種物質匱乏的問題，這是基於想要提升自我的欲求。如果能滿足自我提升需求，人就可以自我實現或是完整發揮潛能。如果想達成自我實現，就必須要連通個人價值觀，像是誠實、獨立、覺察心、客觀及創意等。當我們體驗到馬斯洛所說的「巔峰體驗」時，最常能展現出這些特質。

根據馬斯洛所說，巔峰體驗在自我實現中扮演重要角色。巔峰體驗是一種迥異於日常事件的超凡喜悅，代表著「極樂與圓滿的時刻」[11]。巔峰時刻通常是感受到做事輕鬆又順利，不會覺得勉強或艱辛，而是一種全神貫注的「正念」狀態[12]，並且感受到完整而調和的自我，內心也不存在衝突感[13]。當這種情況發生時，我們會長期記得它，也會對我們產生深刻的影響。蓋爾・普里維特博士（Dr. Gayle Privette）[14]等學者發現，巔峰體驗有以下三項特性：

1. **有重大意義**：常會加強個人的覺察程度，也可能成為生命的轉捩點。
2. **有圓滿感受**：巔峰體驗會產生非常正面的情緒，讓人覺得自在，而且沒有內心衝

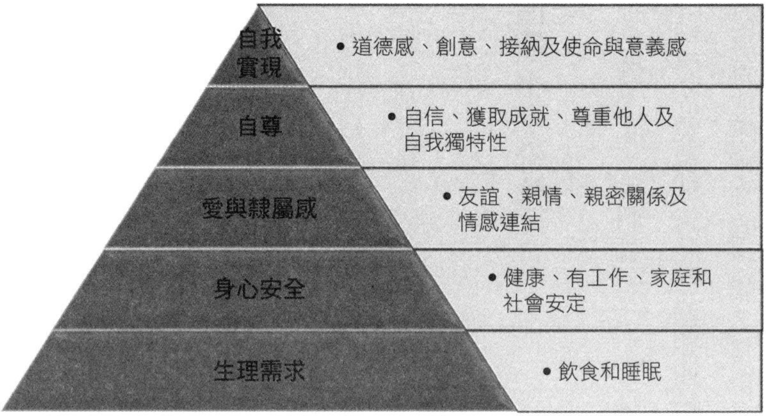

突。

3. **進入靈性層面：**巔峰體驗過程中，人會覺得很祥和，忘卻時間流逝，真正專注於當下。

巔峰體驗出現時，連帶會有極為敏銳的覺察，還能在思想和情緒之間體會到真正的均衡，處於真正幸福、圓滿感的高點。請回想一下，能不能想起讓你感到圓滿、體驗到至福的時刻。這樣可以幫助你找出你真實的價值觀，以及你與外界互動的模式。

找出你自己的巔峰體驗

為了回想起人生中的巔峰體驗，不妨先舒服的坐好，輕鬆閉上雙眼，想像一切都很美好的一段人生經歷，當時覺得很有意義、很有收穫，非常快樂。那段經歷或許短暫，或許持續了很長一段時間，譬如大學畢業、結婚、好不容易爭取到升等、首度跑完五千公尺。

如果想不太到，可以想想你常向親朋好友講的事，或是當你獨自一人時，喜歡去回味的事情。盡可能在心裡具體回想當時的情景，你那時在做什麼、現場有什麼感覺、誰在你身邊、周遭的環境如何。回想結束後，張開眼睛，把你的巔峰體驗寫到日誌中。

這是本練習的第一階段，找出自己的巔峰體驗，那個能讓你清晰體會圓滿、有成就的自我的日子。以下是第二階段，我們將進一步找出是什麼因素，在背後帶動這個超凡體驗。那就是你的價值觀。

價值小卡分類

接下來，我們要在三十三個價值觀選項中，選出自己最重視的價值觀，並依照重要性排序，然後把這些價值觀連結到上一個階段整理出來的價值觀。好，練習到現在，你有沒有什麼特別的感觸？其實，走入自己的記憶，在情緒上重新回到「你實踐了價值觀」的那個時刻（即使當時自己沒有察覺到），這實在是很有意思的事情。雖然價值觀會影響人的想法、感受和行為，但我們很少去想：我的價值觀是什麼，可是價值觀卻會影響我們生活中每個層面的決策，包含選擇的職業、朋友、整體的生活等。

這裡要介紹的「個人價值小卡分類法」最早是由心理學家威廉・米勒（William R. Miller）開發的[15][16]。米勒曾創發「動機式晤談」（motivational interviewing）諮商方法，幫助人改掉各種不良習慣，像是愛吃垃圾食物[17]、酗酒等[18]。請花點時間列出你的價值觀，加以分類，這樣就等於有了一份參考準則，知道自己在人生中要追尋什麼目標；而你的目標若與價值觀相符合，就更能夠避免自毀行為發生。你也可以把本書「附件五」的卡片內容印到紙板上，裁開使用，或者是自己把價值觀抄寫成小卡片。這裡需要一點DIY手工藝，不但實用而且也很有趣！「寫成小卡」這個動作之所以會這麼有效，是因為過程中運用了很實體的觸覺，來處理價格觀這麼抽象的概念。

另外，你必須做出三種不同種類的小卡，分別標出「最重要」、「一般」、「低」三個等級，方便你分類並排列你的價值觀。

價值觀有很多，但我發現把選項限縮到三十三種最常見的價值觀，效果最好。以下列出的內容，部份取自羅斯・哈里斯博士（Dr. Russ Harris）設計的價值觀練習[19][20]，外加我的親身經驗，包含與親友、同事平常的閒聊，以及與個案的正式諮詢內容。為了方便你找出哪些價值觀對你的生活最有共鳴，以下還附上簡短的定義，來釐清每項價值觀的詳情（而附錄三裡面則是把價值觀整理成卡片的形式）。

1. **接納**Acceptance：用包容心來接納自己、他人以及人生遭遇的事情。
2. **冒險**Adventure：主動尋求、創造或是探索新鮮的體驗。
3. **美感**Aesthetics：欣賞、創造、培養和享受藝術。
4. **直言**Assertiveness：勇敢挺身而出捍衛權利，透過積極且尊重的態度提出主張。
5. **真實**Autenticity：面臨外在壓力時，仍依照自己的信念、欲求來行動。
6. **關懷**Caring：對自己、他人和環境付出關心。
7. **挑戰**Challenge：願意承擔艱難的任務和問題，並鼓勵自己成長、學習和精進。
8. **群體**Community：加入社會或公民團體，參與超越個人之上的組織。
9. **貢獻**Contribution：出力幫忙、協助或創造對自己與他人持久的正向改變。
10. **勇氣**Courage：面對恐懼、威脅或困難時，能夠勇敢和堅持。

11. **好奇**Curiosity：抱持開放態度，並且有興致探索和學習新事物。

12. **勤奮**Diligence：對自己所做的事，能貫徹到底，盡心盡力。

13. **忠貞**Faithfulness：忠誠對人，忠誠對神。

14. **健康**Health：維持或改善自己的體適能和身心狀態。

15. **誠實**Honesty：對他人真實誠懇，且在一切行動中保持正直。

16. **幽默**Humor：能看見和欣賞生活中的有趣事物。

17. **謙卑**Humility：謙虛、謙和、不擺架子。

18. **獨立**Independence：自主、自力更生，且能夠選擇貫徹自己的作風。

19. **親暱**Intimacy：能打開心胸，展現感情，分享情感。

20. **正義**Justice：公平、公正對待所有人。

21. **知識**Knowledge：學習、使用、分享和貢獻出有價值的資訊。

22. **休閒**Leisure：願意花時間來追求和享受生活的各個面向。

23. **熟巧**Mastery：在平日活動和所追求的事物上，都具備高超的能力。

24. **秩序**Order：過著有規劃、有組織的生活。

25. **堅毅**Persistence：遇到困難和考驗時，仍抱持決心持續下去。
26. **權柄**Power：能強力影響他人或事務，或能施展權力。
27. **尊重**Respect：對人有禮且體貼，能容下與自己意見相左的人。
28. **自控**Self-Control：能控管自己的行為來獲得更大的益處。
29. **自尊**Self-Esteem：對自己的身分認同感受良好，且相信自我價值。
30. **靈性**Spirituality：能連結到超越自身的事務，並在屬靈方面有更深的體悟和修行。
31. **信任**Trust：忠貞、真誠且可靠。
32. **德行**Virtue：過著道德上純潔、值得尊敬的生活。
33. **財富**Wealth：累積、擁有富足的貲財。

把以上每一項抄入一張卡片上，再將卡片歸類為「最重要」、「一般」、「低」。要平均分配，也就是說每一類各十一張。平均分類的用意是強迫你確實排出優先順序。雖然上面這三十三項價值觀的每一項都能歸為「最重要」，但要有真正效益的話，就必須按照你此刻對它們的重視程度來分類。怎麼排都沒有對錯問題，記得要誠實就好。

接著，看看你「最重要」的十一項價值觀，然後回去詳讀你在日誌上寫出的巔峰體驗。這些排名在前段的價值觀中，有多少是你曾在當年的巔峰體驗當中體會到的？最可能的情況是，你的巔峰體驗會反映出好幾個重要的價值觀。我們經歷到的巔峰體驗，就是我們價值觀的具體展現，所以從這些顛峰體驗往回推敲，就很容易看出自己重視哪些價值觀。另一方面，長期且規律在生活中落實自己的價值觀，能增加在生活中創造出更多巔峰體驗的可能。所以，除了巔峰體驗能讓我們知道自己重視什麼以外，若我們能貫徹自己珍視的價值觀的話，我們也更有機會能長期達成自我實現。舉例來說，若你回想起的巔峰體驗是「你隸屬的足球隊在錦標賽獲勝」，那麼你可以把「群體」和「挑戰」放在「最重要」的分類裡。

透過這個「價值小卡分類」練習將一些價值觀分類，然後把它們與你回想到的巔峰體驗相對照，這樣能幫助你再一次確認你最重要的價值觀，然後採取行動，來獲取真實的幸福、成功和滿足感。

價值小卡分類實做示範

我們可以看看陶比的例子。他高中時期的人際關係不好，常被排擠，每次都是同學的派對結束後，他才知道自己未獲邀。這些經驗大大打擊了他的自尊，使他怯於與人建立感情。日後他雖然有朋友，心底依舊隱約覺得「他們只是同情我才跟我當朋友」。

雖然陶比真的很想要認識新朋友和參加社交活動，但他通常會逃避大型社交場合，因為覺得自己會遭到拒絕、不知道要跟別人說什麼話、一整晚孤單一人。他想起自己媽媽以前也是這樣，經常編造藉口婉拒家族聚會、派對或其他活動。他常聽到媽媽在電話裡說自己很忙，不克出席（其實媽媽一點也不忙），或是說身體不舒服所以不能參加。

陶比長大後，有時候也會在大型聚會前夕突然覺得身體不舒服，胃痛到不行，但只要他打電話跟主辦人說不能出席，身體又馬上好起來了，然後就會覺得很後悔，因為他真的很想要開展新的友誼。即便如此，他還是拼命避免當下的不適感，寧願犧牲掉與人往來的機會，只求讓自己當下的身體和心情變得比較舒坦。陶比落入了經驗迴避的循環，因為他注重的是享樂式歡快（特別是杜絕負面心情），讓他得不到自己在生命中最想要的東西。

我請陶比回想自己的巔峰體驗，請注意看他提到的細節，還有他怎麼用五感來描繪情境，鉅細靡遺地回想起自己當時的情形。你的回想也應該要這麼詳細。聽他描述完後，我就好像是親眼看過當時現場一樣。

「有年感恩節，我自願到志工食堂幫忙做菜給有需要的人。我在切蔬菜時，聽見刀落在砧板上的節奏，聞到紅蘿蔔的鮮、洋蔥的嗆，還有馬鈴薯的土壤氣息。我身邊的人互相聊天，彼此幫忙，整間廚房裡瀰漫著蔬菜湯、烤火雞和麵包的香氣。我現在彷彿還能聽見志工們在廚房裡忙碌時，傳出的笑聲和聊天的聲音，大家都知道自己正在準備的餐點，對於即將前來享用節慶餐點的家庭非常有意義。我們開始烹煮、擺設餐桌、盛水，確認咖啡正在焙煮。客人來了，我們協助他們找座位，把食物和飲料送上桌，讓大家覺得舒適，能吃到想吃的東西。看見他們臉上的笑容，聽見他們收到餐點的道謝，我覺得實在太有意義了。當場，所有人都是平等的，都是社群的一份子，一起慶祝同個節慶。我到今天還是會想起當天與他人形成的情感連結，包含一起備餐的夥伴，還有享用餐點的人。對我來說，這樣過感恩節很美好。」

陶比的價值觀分類如下。你可以看見，他有許多價值觀，都符合巔峰體驗所提到的內容。有星號的七個價值觀都蘊含在前面他所陳述的回憶裡：親密、群體、接納、貢獻、尊重、自尊和關懷。另外還可以清楚看見，他最重要的價值觀都與「和他人有深刻的連結」以及「發展出穩定與正面的自我形象」有關。

最重要	一般	低
★親暱	謙卑	堅毅
★群體	德行	幽默
誠實	忠貞	挑戰
★接納	正義	勇氣
★貢獻	好奇	熟巧
★尊重	美感	秩序
★自尊	自控	休閒
★關懷	勤奮	靈性
獨立	健康	力量

信任	堅挺	冒險
知識	真實	財富

做完這個練習，陶比終於明白了，他在生活中並沒有把「親密」和「群體」放在最重要的位置。事實上，他想起自己不斷避免社交場合，這樣只是讓自己遠離最渴望的東。這種情況持續了好多年，多到他都不想承認。

陶比的這個體悟，就是為什麼我們應該要好好花時間找出自身價值觀的原因。你的巔峰體驗會開啟一扇窗，讓你看見推動自己的內在驅力，也能讓你快速辨識出自己的價值觀。每天連結於自身的價值觀，將使你在內在驅動力和意志力不足時，還有需要外在協助來避免自毀時，重新獲得力量。最後，你的每個舉動都是值得的，因為都與你最珍視的價值觀緊密連結，會幫助你活出一個讓自己感到驕傲的人生。

找出價值觀之後

上面的「價值小卡分類法」練習很重要，它是一個具體的方法，讓我們與自身價值觀建立連結。如果沒有花時間去尋找這些價值觀，沒有觀察它們在日常生活如何展現，那麼價值觀就會顯得很抽象。價值觀影響了我們的行為和決策，當我們知道自己在健康、工作、感情等生活層面當中最重視的事物，就比較容易真誠地面對人生的境遇、機會和挑戰，也比較容易知道「我是誰、我想成為什麼樣的人」。還有，當外在情境與個人理念相違背的時候，我們也比較容易去抵抗那種「只求盡快敷衍過去，只想躲開令人不適的想法」的誘惑。

好，現在你已經找出自己最重要的價值觀，接著就要實踐了。再說一次，若清楚知道自己的價值觀，就可以強化內在驅動力和意志力。價值觀不是光說說就沒事了，而是要每天實踐。請看看自己的價值觀小卡，把最重要的價值觀小卡放在皮夾或包包裡，這樣能加深你的意識，提醒你該依照什麼基礎來行事。

價值小卡分類法能讓你更專注的追求目標。如果在訂出目標之前，就能找出自己的價值觀，會更有幫助，因為當你實現了「符合價值觀的目標」的時候，會有最大的滿足感。如果要依照自己的價值觀來設立目標，則這些目標在你的心目中會有更高的地位和意義。若目標符合價值觀，那麼當你在追求目標的路上碰到困難，就比較不會不知所從。

價值小卡分類法常會讓決策變得簡單多了，因為你知道自己的方向。價值觀就像地圖，讓你知道自己走在正路上，將會順利抵達目的地。甚至有時候地圖顯示要你穿越峽谷或是荒野泥地，你也會欣然前往，因為你知道這是要抵達想要去處的必經路途。基本上，目標是由價值觀帶動的話，你就更可能願意吃苦、冒險、脫離舒適圈。

最重要的價值觀不太會變動，但也有幾項價值觀每隔一段時間會有些調整。你在排序時可以視情況改變它們的重要性，不妨每個月重新進行價值小卡分類練習，以便留意到此刻是否哪個價值觀的重要性排序提升了。

以下三個練習可以幫助你天天實踐自己的價值觀，並且強化你的自制四因素（標準、監測、動力和意志力）能力。

小撇步：隨時提醒自己的價值觀是什麼（10分鐘完成）

看看你目前所寫下的、最重要的價值觀。然後鎖定前三大。接著，為這三項分別建立感官的提醒物。

畫面

- 用文字或是圖像來表達某個價值觀，然後設計成電腦桌布使用。這樣每次開電腦時，就會得到提醒。
- 找一張能代表某個價值觀的圖片，放在你每天能看到的地方，像是夾在筆記本內、擺在書桌上、存在手機，或是收到皮夾裡頭。

聲音

- 為你的某幾個價值觀創造一份歌曲播放清單。一天至少聽一遍，或在每日例行的活動時播放，像是運動或冥想的時候。

氣味

- 用一種好聞的香氣（香氛蠟燭、古龍水或精油）來代表你的某個價值觀。當你在追求目標時，如果需要一點鼓勵來加強動力或意志力，就去聞一聞。

口味

- 選一種食物來代表自己的某個價值觀。一面專注享用這道食物，一面細細想著它代表的價值觀。

觸感

- 找個物品來代表某個價值觀，物品可以是紀念品、布料、寶貝毛衣、特別的裝飾品、硬幣等等。每天至少拿出來一次，用雙手觸摸，藉此連結到這個價值觀，並且思考這個物品要提醒你的事情。

短版練習：每日確認自己的價值觀是什麼（24小時內完成）

常把價值觀放在心中，這點當然很重要，但追蹤自己如何、何時實踐價值觀，也是同等重要。

這個練習讓你在一天的開頭與結尾，都與自己的價值觀連結，回顧這一天的行為舉止，有沒有符合你的價值觀。這會把「實踐價值觀」變成每天要做的功課，同時透過積累持續的、小幅度的強化內在驅動力，來使得自制技巧變得更熟練。而且，這個練習還可以與第四章提到的「執行意圖」相關練習一起使用。

早上起床後，把自己的前三大價值觀寫在一張紙上，收入皮夾裡頭。當天結束前（我喜歡選在下班通勤的時間），提醒自己這三大價值觀，然後自問：

這一天做出的抉擇，是否符合這些價值觀。

如果每項價值觀，在當天都有一個以上的抉擇是符合的，那就太棒啦！表示你有貫徹自己最重要的價值觀。如果沒有，可以想想你明天（或當天剩下的時間）能做什麼，好讓自己的行動能符合自身價值觀和目標。盡可能把這個意圖寫成「若A則B」陳述句（詳見第四章）的格式，來確保能確實執行。

陶比發現，自己一整天都沒有什麼作為符合了「親暱」——他最重視的價值觀。他想了一想，決定打電話關心工作上認識的好朋友，這個朋友最近家庭生活很有壓力，應該會很高興有這種支持力量。陶比打電話過去，兩人聊了大約二十分鐘，朋友分享了一些心事，陶比也在自己覺得合適的情況下提供了一些建議。事後，陶比覺得很開心，因為他的行為不僅能持續滋養「親暱」價值觀，也同時支持「貢獻」價值觀，即他排名第五的價值觀。

打電話連絡朋友這個舉動，還強化了陶比的自尊，這是他當下重要性第九名的價值觀。所以，透過這個小小的舉動，不僅讓他符合最重視的價值觀，也還實踐了另外兩個價值觀。主動連絡朋友效果非常超值，一舉落實三個重要價值觀！你採取的行為，若可以一次實踐愈多個價值觀愈好。所以不妨去觀察一下，有沒有方法能一次實踐兩個以上的價值觀，讓自己的行為發揮最大效用。

長版作業：建立以價值觀為基礎的目標（7天內完成）

這個練習可以讓你習慣設立「與價值觀相符的目標」，從而加強你的自制技巧（尤其是內心驅動力和意志力），防止你跌入經驗迴避——想盡辦法躲避身、心的不適感。

接下來七天當中，每天選擇一項排序在前七名的價值觀，寫出當天想設立的、符合這個價值觀的目標。這樣能避免設立出一個「沒有與價值觀連結」的目標——這種目標你比較難實現，常感到缺乏動力，就算最後實踐了也只會得到虛空或憂鬱的感覺。

第二章提到的人物愛麗絲做這項練習時，她把排名前七大的價值觀列出來，寫出每一天要實行什麼目標，以便讓自己更貼近「獲得圓滿感情」的大目標。她有特別注意這些目標是否確實連結到它們對應的價值觀。

日期	價值觀	目標	達成與否
第一日	親暱	跟朋友約吃晚餐，來培養友情。	達成。跟一個幾個月都沒約出來的朋友講好要吃晚餐。
第二日	好奇	先前第一次約會後被我判出局的對象，若再來邀約，我就給他第二次機會。	達成。我答應上週認識的男生再次約出去喝杯咖啡。
第三日	冒險	在一個交友網站上建個人檔案。	達成。
第四日	接納	告訴一個政治立場跟我不合的朋友，我接受彼此的差異。	沒有，但打算下次見面談到政治話題時跟他說。
第五日	群體	參加環保團體舉辦的健行活動，認識一些同好。	達成。活動中還跟兩位隊員交換電話，相約日後一起健行。
第六日	自尊	在今天的正念練習中，透過正念宣言來鼓勵自己。	達成。早上有做。
第七日	健康	去上我一直想試試的瑜珈課。	達成。昨天去了，很不錯。

在上面的表列當中，愛麗絲有些目標與人有關，有些與感情有關，但所有目標都指向自我提升，創造符合她最高價值觀的「好生活」，這樣使得她在機會出現時，可以迎接圓滿的戀愛關係。

這項練習可以確保你的「目標」與「重要的個人價值觀」直接相連。還有，目標其實不用太大，小的、好管控的、花幾分鐘就能搞定的目標，也能鍛鍊你達成目標的實力。當然，你也能在這個練習中採用較大型的目標，但不管怎樣，重點就是我們能在生活中的每一刻都實踐價值觀——例如你現在就可以落實「群體」價值觀，寄一封電子郵件約好友相聚；也可以實行「好奇」價值觀，讀一篇優質的文章；又或是實行你的「親暱」價值觀，給伴侶一個擁抱。

實踐價值觀的同時，自然強化了我們的自尊和自我概念，這點對於苦惱於「自我概念低落或不堅定」問題的人，也很有幫助。

「價值觀」對於減少自毀很重要，原因在於當你受到試探、引誘，即將墮入自毀循環的當下，能在做出令人後悔的行動之前，趕緊想辦法振作起來——透過簡單的動作如深呼吸、回想自己最重要的價值觀、立定心志實踐這個價值觀等等。這樣能讓你在自毀之前可以浪子回頭，轉而去做其他讓你覺得自己很棒的事情。

本章重點回顧，以及下一章精彩內容介紹

每天至少展現一次自己的價值觀，不論這個動作多麼細微。藉此可以喚醒「停止自毀」的深層動力，在變動中感到茫然無所從的時候，也能秉持初衷。要追求自己設下的遠大目標，有時會覺得任務艱巨，但這種恐懼感會讓人停滯不前。但只要掌握自己最重視的價值觀，不忘它的重要，你就更可能堅持追尋目標，不論現實多麼艱難。

現在你已經知道，不管是要持續朝著目標前進，還是支取力量來抵禦自毀的誘惑，「價值觀」都扮演著關鍵角色。第一步是要辨認出自己的價值觀，然後你就可以拿出具體行動，每一天、每個地方都依循價值觀來生活。下一章，我們就要把本書學到的知識統合起來，打造一個最強的破除自毀招數：一份改變的藍圖。

第6章

步驟六：創造一個改變的藍圖

終於來到本書的最後一章了！在本章中，我們會把過去學到的都融會貫通起來。現在，你的日誌上應該已經寫滿了前面幾章的練習成果，你已經找出了是什麼樣的想法、信念和行動，使你偏離了目標；你已經更瞭解要留意「自毀觸發因子」的出現，還有如何透過轉化來免除自毀行動；透過監測這些重複出現的自毀循環，你已經創立了「不會阻撓自己目標」的替代行為。

另外，你還瞭解要如何清楚、具體看見成功，瞭解了成功之路上可能遇到的阻礙，還有如何努力堅守自己最珍視的價值觀。只要有價值觀，你就能擁有堅定的標準，你的自我監控就會發生效果，你也會具備適當的內在驅動力與意志力，不至於跌入「經驗迴避」的陷阱。還有，你的自制技巧會維持在最高強度，而且你會有能力達成終極的目標，享有真實而持久的幸福。

最後一個步驟，就是將先前學到的觀念和技巧都整合在一起，創造出一個「改變藍圖」。正如蓋房子的藍圖一樣，用謹慎、有系統的方式，打好穩固地基，逐步往上發展。根基愈穩，你的「終結自毀計畫」的結構就愈強韌。為了要達成你渴求的目標，你得花時間來打好基礎，接著在基礎上搭建上層結構——也就是嶄新的自己，這個你深知如何停止自毀、如何轉化思維，以便達成你設立的職場目標、感情目標等。

練習：創造你的「改變藍圖」（共六十分鐘）

說到實踐自己的最佳生活，許多人會使用願景板等策略，透過照片、圖像等將自己的目標視覺化呈現。雖然這樣多少有點幫助，但我們都瞭解，要真正達成目標，不能僅靠描繪出終點線的情景而已。願景板缺乏的，正是積極實踐目標的步驟，所以我們必須使用「改變藍圖」：列出清楚的願景，加上周詳的行動，這樣才是成功的關鍵。

你的改變藍圖將把你所知道的「停止自毀」的技能，一次全部列舉出來。只要你把改變藍圖寫完，就能一眼看出過去是哪些問題帶給你困擾，接著你還有能力可以採用具體的策略，把這些問題一次搞定，然後穩定朝向自己期望的事物邁進。

我有好多個案都發現，利用大型海報板來製作改變藍圖，效用最佳，當然，你自己可以決定你的改變藍圖要多大、多華麗或多樸素。如果你對視覺呈現特別有感，那我鼓勵你多運用色鉛筆、彩色筆、照片、貼紙、拼貼圖形等，製作出多元的畫面。

請拿出你的海報板和用具吧，一起把日誌在旁預備好，因為我們將會回頭參考上面的填寫記錄。你愛怎樣裝飾都行，反正藍圖最後看起來會像這樣：

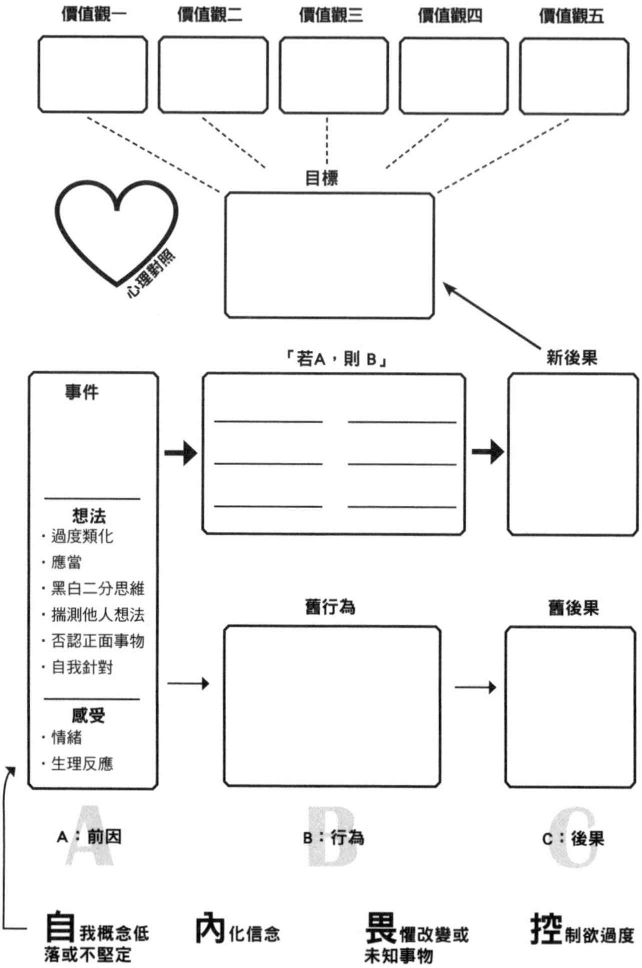

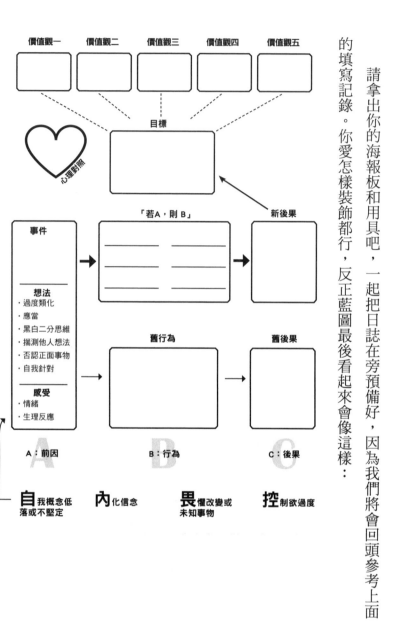

打造專屬你的改變藍圖

上一章當中我們學到，要得到長久、深刻的至善幸福，終極祕密就在於價值觀。至善幸福跟享樂式的歡快很不一樣，前者沒有程度上限，而且若能夠緊密結合價值觀，那麼你的一切行動帶來的滿足感也就愈大。既然你的一切行為所立之基礎，都在於「你想要過著什麼樣的生活」，所以你的改變藍圖也要從這裡開始。

在海報的上方，先為你的改變藍圖擬定一個標題，例如〈貝絲的健康體態改變藍圖〉，然後緊接著在標題下方畫出五個方格，填入你最重視的前五大價值觀。理想上，你想要達成的目標，應該會連結到這五個重要價值觀——或許會符合其中幾個價值觀，但絕不會與其他價值觀有衝突。上一章的「價值小卡分類法」活動能幫助你找出自己的前五大價值觀。

價值觀

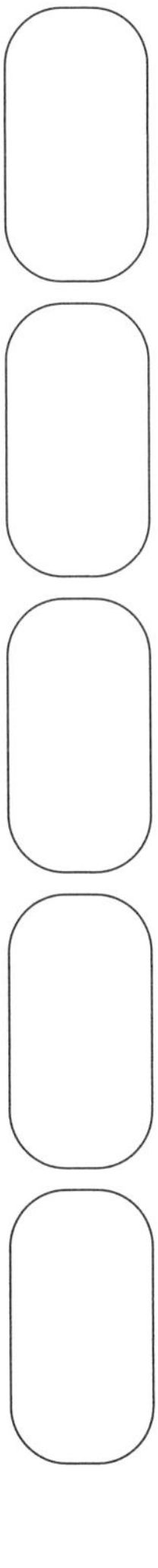

接著，填入「符合價值觀」的目標

閱讀本書之際，你可能心裡有著明確的目標，你想要達成，偏偏受到自毀行為的阻礙。現在你的思維已經納入了你最重視的五大價值觀，不妨就重新看看你的目標吧。首先，請確認你的目標符合你最重視的價值觀，因為它是提升自制能力、內在驅動力與意志力的基礎。接著，請確認你的目標符合SMART原則（請回到本書一開始的「前言」複習一下）。目標要盡可能具體明確，要利於量化檢視進度，還要清楚指明哪些事項必須由哪些人完成。目標必須務實，且必須設定達成的時間表。

目標和價值觀之間有著相互依存的關係。若自己最重要的價值觀和你渴求的目標之間，有著緊密的關聯，這樣你才能維持動力，穩定實現目標，並且讓你更願意承受過程中遇到的逆境。理想上，你的目標也應該要回頭去強化你的價值。

在五大價值下方寫出你的目標，並用箭頭符號指出方向，利用這種視覺的方式來提醒自己，要把目標跟自己最重視的價值觀相互連接。

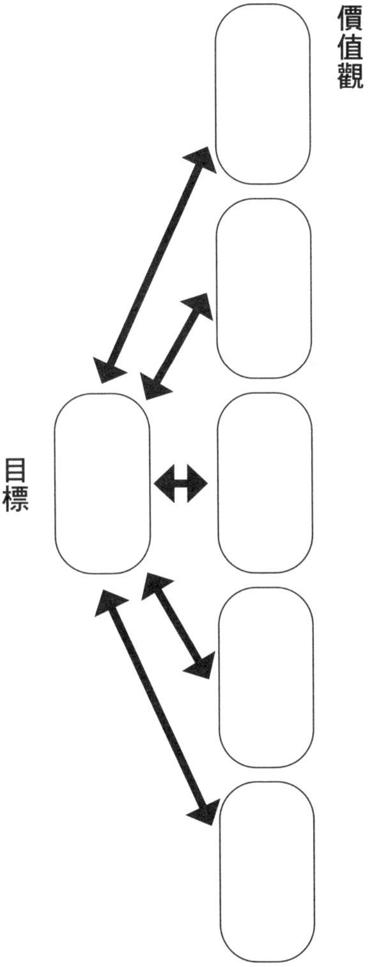

回頭審視「造成自毀的LIFE四大底層因素」

你現在清楚知道自己的目標是什麼了。但別忘了，導致自毀的LIFE四大因素常會跑出來作怪，或者是透過我們的思維，或者是透過我們難以忍受的情感、特定的情境等，來激起我們做出自毀的行為。這四大因素，其實正是你做出自毀行為的深層原因，所以請在你的改變藍圖最下方寫出這四大因素。本書一開始說過，這四大因素會造成你人生的兩大基礎失去了均衡，那就是「獲取酬償」和「避免危機」。而我們現在把這四大因素放在改變藍圖的最下方提醒自己：它們可能會侵害你想做出的改變，從而危及你的全新自我。想看看，你是否曾經受到「內化信念」、「畏懼改變或未知事物」、「控制欲過度」等問題，而屢次只想避開危險，忘了獲取獎賞？一時想不起來的話，可以回到第四十二頁的「哪一個LIFE因素在阻撓你」練習當中去找找答案。

針對可能造成你自毀的每項因素，都寫出一些你覺得它為什麼造成問題的原因。盡可能寫清楚，盡量描述細節，這樣日後若它再度開始影響你的想法、感受、行為時，你就可以察覺到是哪個因素造成自毀。

例如，童年時期父母或長輩傾向過度批判，你的自毀根源有可能在於「自我概念低落或不堅定」。這樣的話，可以在藍圖中「L」字母的橢圓形裡面，填寫「我覺得自己很沒有實力」，盡量寫得詳細。另外還有一個填寫的方法，就是想想看每當自己在追逐目標時，腦中會浮現什麼不支持、不鼓勵的念頭，然後盡量詳細寫下來。在你的改變藍圖當中納入這些關於LIFE因素的描繪，目的是讓你留意到它們在你的自毀循環當中，扮演什麼樣的角色。

上面這個部份寫完以後，再想想該怎麼克服這些造成自毀的四大因素，並在每一個因素的橢圓圖形底下，寫出至少一個你曾經推翻它、勝過它的親身經歷。譬如，若是你在字母I（內化信念）的橢圓形裡面寫下了「我覺得自己在職場上的努力不足」，那麼就在橢圓形的下面寫下你在職場上的成就，以便推翻原先的負面內化信念。你可以寫「去年獲得考績最優等」或「剛晉升為團隊領導者」，用這些句子來撼動LIFE四大因素，告訴自己「我不必接受這些負面想法」。

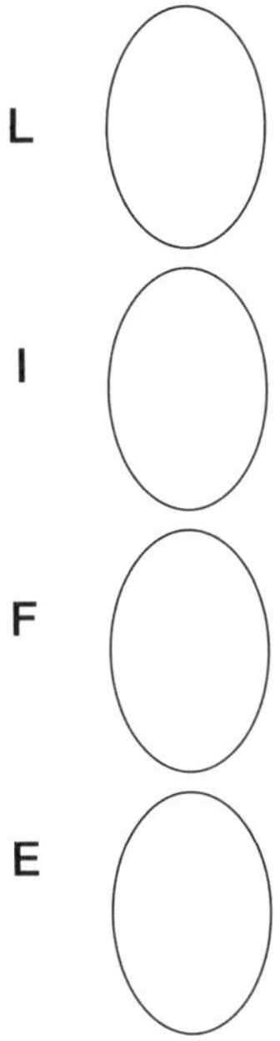

舊的ＡＢＣ模式——關於觸發自毀的前因

如果沒有好好處理導致自毀的LIFE因素，會衍生出有害的ＡＢＣ循環：有些「前因Ａ」會讓你做出自毀的「行為Ｂ」，因此導致一些「後果Ｃ」。

「前因」可以分為三大類型：事件、想法、感受，然後分別思考這三個類型的前因，以及每個類型底下的其他項目，例如事件又可區分為內在（回憶）和外在（外界的情境）。同時思考有哪些思維會成為觸發自毀的因子，包含「過度類化／災難思維」、「應該要」、「黑白二分思維」、「揣測他人想法」、「否認正面事物」、「自我針對」等。

感受又可以分為兩種不同的表現方式：情緒和生理反應。可以回顧你在前面幾章的練習中得到的結果，看看在情緒和生理反應的感受底下，你寫出了什麼內容，然後再為你的改變藍圖寫出具體的例證內容。例如，可以參考第一章寫下的「辨認出自己的自毀觸發因子」練習，或是第三章關於你的ＡＢＣ的練習。可多多留意第三章提到的「建立型操作項（ＥＯ）」，讓你更清楚知道：是什麼樣的前因會過度放大「避開威脅」的需求，會讓你比平常更想要逃脫不適感，導致後面的行為出了差錯。你在第三章的短版作業及長版作業中，已經找出了自己排名前三大的「建立型操作EO」，我建議在這些EO旁邊畫個小星星的符號，提醒自己要特別留意。

好，寫好這個段落提到的內容之後，將這些資訊填入改變藍圖左側的位置。

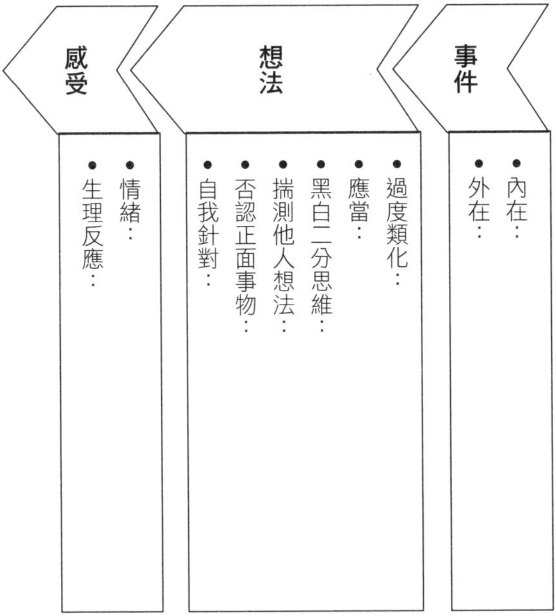

舊的ＡＢＣ模式——關於行為與後果

接下來，在前面那個圖形的下方畫一個箭頭，指向一個四邊形的格子，如左圖。然後在格字內寫下「前一個段落整理出來的『前因』，會觸發哪些舊的行為」。在過去，在你做出這些自毀行為的當下，它們看似是在保護你，幫你避開不愉快的情境或情緒，不用去面對這些負面的壓力、恐懼、悲傷。但長期來看，這些行為會妨礙你實踐目標，還讓你心情低落，加劇你的「經驗迴避」。

接著在這個四方形的格子下邊，再畫一個箭頭，指向另一個方格子，在方格子內寫下這些行為會造成的舊後果。以往透過這些行為，幫助你逃離了什麼事情？這些行為有沒有暫時給你什麼獎賞？這些行為長期下來，是如何因為哪些正、負面增強物（參考第三章）而獲得強化？請寫入第二個方格子裡。在第二個裡頭寫下適用的後果。

譬如，要是你常常會顧著看劇而沒有認真做好工作上的事，你可以在「舊行為」方格子中寫下：「狂追電視劇」，在「舊後果」格子中寫「沒有去想如果把企劃案搞砸的話，會有什麼可怕後果」和「逃避職場表現不佳的緊張感」。

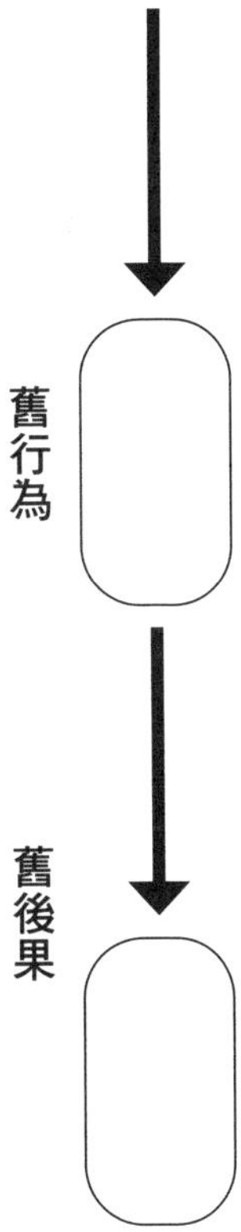

寫出一個全新腳本：執行意圖

「認知失調」會帶來改變。所以我們要先弄清楚自己的現狀，以及想要前往的目的地，才能改寫我們的人生藍圖。不妨用視覺化來想像：夢想實現時，會有哪些美好的情景伴隨而來，然後對照未來憧憬和當前現狀，精準找出導致自己逐夢失敗的障礙。

當我們用視覺化來想像「現狀」與「渴求的未來」時，最好使用鮮明清晰的影像，幫助你快速理解兩者之間的落差。例如你的目標是「找一位符合你對家庭價值觀的戀愛對象」，但現狀是「你為人太愛挑剔，使你與對方約過一次之後，你就不給他機會了」，那麼你不妨想像一對恩愛的伴侶，旁邊有個路人一直在批評他們，用這個方式來呈現願景與當下阻礙之間的明顯反差。可以複習一下第四章的「心理對照」當成參考。

好，到這裡你已經清楚描繪出未來願景，也仔細體察自己的現況，接下來就讓我們寫出幾條「若A則B」陳述句吧。這樣的用意是預先設定好一個可以執行的計畫，日後若碰到思緒太強烈、事件太突然導致你無法進步的壓力情況，就可以直接拿出來使用，正面對決造成自毀的前因。另外還可以幫助你創造出全新的ABC連鎖效應，引領你直接前往目標。

你可以在某些「則B」的部份裡，納入在第二章學到的「卸除自毀因子」策略，像是質疑與修正自己的想法、減緩負面想法的衝擊力等。另外，在「則B」的部份裡也可以使用第四章學到的替代行為，亦即採用新的行動，來防止自己做出害你自毀的舊行為。譬如，要是你的舊行為是在辛苦工作一天後（這是一個「建立型操作」EO的前因），回家路上怒吃一波垃圾食物，新的替代行為就可以是「換一條不會經過速食店的回家路徑」；或者每當覺得自己又要上網狂購物了，就拿出「價值觀小卡分類」（第二五二頁起）來回顧一下自己的價值觀。回顧「價值觀小卡分類」這個動作要用到兩隻手，你就沒辦法同時去點網站下單了。而等到你完成了「價值觀小卡分類」的練習，你已經透過自己的價值觀，改變了思維，你就比較容易抵抗亂灑幣的誘惑，因為你知道，亂花錢並不符合你的生活意義與使命感，也無法促使自己前行。

執行意圖

若……	則……
若……	則……
若……	則……
若……	則……

全新的結果

現在來到「改變藍圖」當中最令人期待的部分了，在這裡，你要寫出你渴求的理想後果，而這些後果會使你朝向目標更進一步！想想看，從本書的開頭到這裡，你一路歷經了多少寶貴的練習，終於走到這一關。現在就要由你來找出導致自毀的LIFE四要素對你舊ABC連環效應的影響，並且寫下「若A則B」陳述句來對抗這些自毀行動。

假設你的目標是有段美滿的感情，你判別出「畏懼改變或未知事物」、「控制欲過度」這兩個因素，使得你在交友方面無法順利。為了解決這個問題，你寫下一連串「執行意圖」來確保自己會給每個對象再多一次機會（除非踩到你的地雷，或是與你基本價值觀不合）。正因為你決定好要再試一次，而不是立刻逃避，所以你成功找到伴侶的機會就會增加。

寫下新的行為後果，這個動作本身就會帶來滿足感，因為等於是你努力朝向終極目標的累積成果，能縮短自己心願和目標之間的距離，也能讓你看清楚連通兩者之間的途徑。在改變藍圖上寫下自己期盼、嚮往的後果，就等於是為你期盼實現的事，搭建了一個架構。

使用這張改變藍圖

現在你手中握著自己創造出來的改變藍圖，裡面具體而實際地列出自己對抗自毀的必勝計畫。既然你已經打造了專屬的改變藍圖，接下來可以使用以下三個方法，把效果擴到最大。

1. **將改變藍圖放在天天能看到的地方**。這個藍圖是一個視覺化工具，功能不只是激勵你，也能給你實際的步驟，讓你達成目標。記得要放在顯眼或經常會經過的區域，有些人放在浴室、房間、辦公室、廚房裡等等，每天都能輕鬆看見好多次、每次都會把內容進一步記熟，在心中維持對計畫的清楚記憶。還有些人把改變藍圖拍下來存在手機或筆電裡。無論你用哪種方式，要緊的就是能看到你自己設計的改變藍圖，好好維持動力和意志力，強化你的自制力來停止自毀，幫助你每天都去實踐自己嚮往的目標。

2. **每天專心實踐一個項目**。你可以在早上花個兩分鐘看看改變藍圖，特別選定一個項目來實踐。例如，星期一專注於某項價值觀，星期二考量某一項LIFE因素，週三認真處理改變藍圖的「執行意圖」部分。每天專攻一項，負擔比較輕。我請個案們把改變藍圖上的每個項目（價值觀、吻合價值觀的目標、LIFE

因素、舊ABC連環、心理對照與執行意圖）等都寫到小卡片裡，每天隨機抽一張放到皮夾、口袋或包包裡。這張卡片可以提醒你，當天要專心處理哪個項目。每當出現自毀行為的衝動時，就可以拿出這張卡片來看看，提醒自己當下必須要即刻停止自毀的原因還有做法。

3. **視需要更新藍圖**。你可能會發現，改變藍圖也需要隨著時間更新。譬如說你因為生活變了、遇到某些事件了，所以必須重新排列某些價值觀的重要性；或者你已經成功達成某個目標，想要再去追求另一項目標；還有些時候，你需要採用新圖像來加強「心理對照」的新鮮感和力道，或需要重寫「若A則B」陳述句，以便更接近目標。每當你覺得自己好像卡住了，或好像沒辦法穩步向目標邁進，就該看看是不是該更新一下改變藍圖，來提升計畫的效果。

有個好用的黃金法則是，每兩週就花三十分鐘來檢視改變藍圖，確保內容還適用，每個項目都真正反映出你朝目標邁進的努力。事先排出這個檢視時間，就能確保你的改變藍圖符合你當下的需求，或者發現成效不理想時，也有機會可以調整、更新。此外，當你達成符合價值觀的目標後，就可以針對另一個目標，或另一個你覺得正遭受自我毀滅所侵害的生活層面，創建立全新的藍圖。等你更熟悉改變藍圖後，你還能同時針對兩個需要實踐的重要目標，實施不同的改變藍圖。

本章重點回顧，以及下一章精彩內容介紹

本章整合了你到目前所學到的一切「對抗自毀行為」技巧。改變藍圖採用視覺化的方式來呈現具體的目標，使你知道你的目標和價值觀如何互相強化。改變藍圖也幫助你找出自毀行為的源頭，以及你現在生活裡是哪些因素使你維持著自毀的行為。此外，透過改變藍圖，還可以指明哪些行為是應當根除的，並且明確列出替代行動，讓你用穩定的方式邁向目標。

改變藍圖是個全方位的工具，也是讓你個人締造成功的秘方。你可以不斷重新檢視這份藍圖，無論何時碰到自毀的問題，不管是在感情、事業或健康等層面，都可以拿這套藍圖出來用。請相信自己付出的一切努力，讓這個藍圖指引自己的思想與行為，為健

康、事業、感情等等方面帶來正面轉變！

結論

許我一個美麗的未來

你之前心裡可能常會納悶「我到底幹嘛要做出那種破壞自己的事？」現在你已經知道，人性本能的欲求會使你非常想要躲避威脅，但這樣卻牴觸了「獲取獎賞」的欲求。你現在也知道，LIFE四大底層因素會如何影響你，導致你只想避免不適感，因此犧牲了「活出一個有意義、有創造力的生活」的機會。這種自毀經驗很常見，而且很自然。

無論過去發生了什麼，你現在知道，你有力量來辨識出自毀觸發因子，然後加以制止。你可以重新調整想法、感受、行為三者之間的連結，繼而打造通往目標的康莊大道。你用開放的心胸來評估邁向目標的路上會有什麼阻礙，這樣就能推估出接下來會發生哪些問題，接著你做出了規劃，採用與目標相符合的行為，來取代自我打擊的行為。同樣重要的一點：你把價值觀擺在第一位，成為帶動自己一切言行舉止的動力。

改變確實有點可怕，但話又說回來，任何值得追尋的目標，當然伴隨著疑惑、恐懼、不確定感。所以你必須要做個選擇：雖然一定會產生不適感，但你願意就這樣放棄夢想嗎？還是說，你願意迎向考驗，就算過程不舒服，但你相信自己能夠安然度過？

在你心中，或許你還沒有放棄夢想，或許你已經邁出前幾步了，距離你渴求的目標更近了，你現在能夠更敏銳地察覺到你有哪些行為會造成阻礙，也已經能夠抗拒「只求眼前的舒適」的誘惑了。本書的六個步驟，使你瞭解到自己過去為什麼會步入自毀，使你學會了改變行為、修正思考流程的技能，從今以後，你所追求的目標，將會符合你最珍惜、最看重的價值觀。

希望你不但受到了激勵，也獲得了能力，在生活中做出長久的改變。前進的路程中，記得要為每次的小戰果慶賀。要知道，每踏出一步，你就距離自毀更遠。我最希望的就是，這本書帶給你嶄新的決心，讓你再次相信自己。你不用繼續自己害慘自己，不必覺得無助，不必受到「躲避威脅」的引誘而失去了追求目標的夢想。書中的技能，可以幫助你克服自毀，在人生中獲取你值得擁有的事物！

不過，想要維持這種成效，就必須持續磨練你在本書當中學到的技能，投入時間，讓「察覺自毀觸發因子」成為你的天性。我建議每個月至少安排一次時間來溫習書中內容，然後做一項小撇步練習、短版作業或是長版作業。練習時，不妨回頭看看日誌，找出自己最有感或最實用的練習，當你碰到挑戰的時候就拿出來使用。

不斷反覆練習，會使觀念更鞏固，還能重新強化你的心志，毅然拋棄幾十年來養成的舊癖性。要記得，你的腦袋非常喜歡慣例和習慣，所以你在追求夢想的過程中，如果大腦採用了預設模式（也就是自毀模式），那你自己說不定根本沒有發現。你現在的自毀循環是長期累積下來的，所以當然要不斷反覆練習，才能在大腦裡建立新的迴路，變換成更有效的新循環。

本書中還有許多練習（特別是小撇步），是專門針對臨時的緊急狀況之用，可以在當下快速、有效地改變行為（請見附件二便於查找的破除自毀招數）。此外，你也能把前一章的「改變藍圖」當成救急工具來使用。在改變藍圖裡，無論是關於目標、關於可能遇到的阻礙，或是擊退自毀行為的策略，都已清楚列出最相關的資訊了，快速瀏覽一眼「改變藍圖」裡面的全方位視覺畫面，就可以改正你的思維，提供一個解方（尤其是在執行意圖的部份），指引你該怎麼做。

我希望你對自己的未來充滿了期待。我也相信，你能夠一心追求自己嚮往的目標：更圓滿的愛情、親情、友情，也能實現自己在事業上的期望，改善身心健康，達成生活中各個層面的目標跟夢想。

你已有了夢，也有實現夢想的辦法。現在就是你登場展現身手的時刻，終結自毀，活出最棒的人生吧！

附錄一：改變藍圖

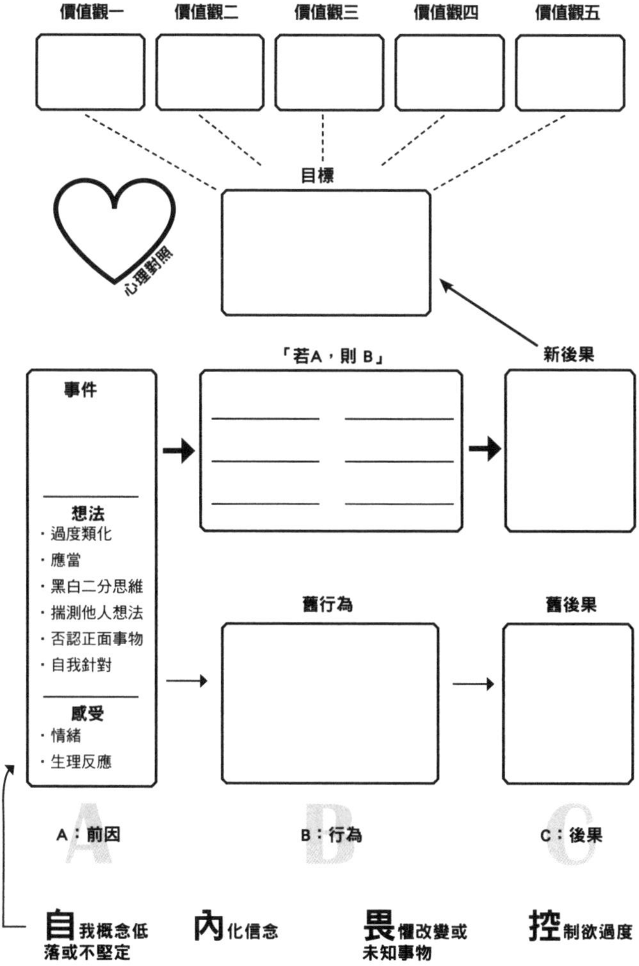

價值觀一
價值觀二
價值觀三
價值觀四
價值觀五
目標
心理對照
「若A，則 B」
新後果
事件
想法
・過度類化
・應當
・黑白二分思維
・揣測他人想法
・否認正面事物
・自我針對
感受
・情緒
・生理反應
舊行為
舊後果
A：前因
B：行為
C：後果
自我概念低落或不堅定
內化信念
畏懼改變或未知事物
控制欲過度

附錄二：用這些方法，當下就打破自毀循環

這裡是緊急情況下可以立即使用的幾種技能，專治「當你覺得自己即將墮入自毀，想要趕快制止」的情況。每項技能都能在十分鐘之內做完，都是前面幾章學過的各種練習，還有幾項加碼附送的新練習可以參考。我建議你平時沒事先把每項都演練過，有需要時就可以立即派上用場。

練習：觀察兩組ET的關係

時間：十分鐘

效用：協助察覺「自毀觸發因子即將發作」的情況。

解說：若察覺到自己悲傷、失望、憤怒、灰心，就為當時的情緒（E, Emotion）取個名字，可以默想也可以說出來（還有寫到日誌裡）。接著回想，看能不

能找出情緒產生之前，自己的想法（T, Thought）是什麼。然後再回想這個想法發生之前的時候，發生了什麼事？好好把這些事件（E, Event）記錄到日誌中。最後把注意力拉回到想法上，試著歸類到觸發因子（T, Trigger）類別並寫下來。詳細資訊可參見第一章末尾的「小撇步」作業。

練習：心中的浮雲

時間：十分鐘

效用：讓我們瞭解，思緒只是內心活動，不是非要採取行動去處理它，也不是一定要對它產生反應。

解說：深呼吸幾次，注意吐納。留意心裡出現什麼念頭，然後觀察思緒的來去，不解讀，不批判，不對它們起反應，也不去壓抑它們，讓想法自由形成。採用一種旁觀的、好奇的態度，就像看戲一樣仔細檢視每道思緒，讓自己的念頭隨意飛揚。一陣子之後開始從倒數，從五數到一，同時注意呼吸。在倒數時要記得，自己的想法就像天邊的雲朵，一時之間會變成某個形狀，接著就會再變換成別的形狀。正如浮雲留不住一般，我們也不應該強留自己的想法，尤其是負面、造成自毀習性的那些想法。讓它們去吧。

練習：對啦，可是……

時間：五分鐘

效用：修正我們對於某個逆境的想法，同時肯定「逆境當中，一定會有正面的事」。

解說：當我們察覺到自己有某項自毀觸發因子時，採用不同於以往的想法來面對它。具體做法是說出一個「對啦」的句式——這個句子，一方面確認當下這個自毀觸發因素是存在的，一方面也正視當下面臨的壓力。然後在後半部的「可是……」，寫上如何逆轉情境的想法，或者稱讚自己已表現得很優秀。詳細資訊請參考第二章的「對啦，可是……」練習。

練習：為你的想法取名（替它貼個標籤）

時間：一分鐘

效用：使你知道，負責掌控情勢的不是我們的想法。控制權是在你自己身上。而且，你是你，你的想法是想法，兩者是分開的，不見得每次都要去起反應。

解說：下次注意到負面想法時，可以在負面想法的前面加上「我正在想著」。例如，「我大概這輩子都找不到新工作了」改成「我正在想著……我大概這輩子都找不到新工作了」。加上「我正在想著」之後，有沒有注意到，你和你的想法之間，已經劃分出距離了呢？用這種疏離的句式，會不會稍稍減緩原負面想法的強度？你也可以更進一步，再加一小句「我注意到」，講起來就變成「我注意到……我正在想著……我大概這輩子都找不到新工作了」。簡單地添加這些字句，就是在強調：你是主體，是你主動去注意到自己的想法。你發現了負面想法，然後給這個負面想法一個適當的標籤

——它只不過是個內心活動罷了。詳細資訊請參考第二章的「為你的想法取名」練習。

練習：美軍海豹突擊隊（SEAL）呼吸法

時間：一分鐘

效用：使你放慢腳步，短時間內使你冷靜、放鬆。

解說：吸氣，同時數到四，憋住四秒，然後吐氣，並同時數到四。再憋氣四秒。必要時盡量多重複幾次來冷靜下來。

練習：情緒實體化

時間：十分鐘

效用：感到激烈的負面情緒時，重新取回控制感，並且覺得自己能夠主導情勢。

解說：想想困擾你的情緒。深呼吸幾次，調整好舒適的放鬆姿勢。接著想像，你進入自己的軀體內，找出那個有具體形狀的情緒，把它輕輕拉出來，放在眼前。接著回答下列問題，用感官來檢視這個念頭或情緒：它的樣貌是什麼？它感覺起來像什麼？它會發出什麼聲音？聞起來呢？嚐起來的味道是什麼？用這種方式檢視情緒後，想像自己用雙手捧起這個「物體（情緒）」，再想像你正在形塑它、壓製它，改變它的尺寸、形狀、重量、顏色。把它變小，變得更易於處理。按一按、捏一捏，讓它壓扁成只有一顆豆子的大小。情緒本身沒變，但它的形狀變小了，變得和濃縮了！完成轉化後，想像把這個豆子大的情緒放到口袋、皮夾或是包包裡頭。現在可以安心帶在身上，提醒你能夠把巨大又形狀不明、擾人的想法變得具體且可管制住。詳細資訊請參考第二章的「情緒實體化」練習。

練習：相反行動

時間：十分鐘

效用：降低負面情緒的強度，免得出現有自毀傾向的行為反應。

解說：想想看，現在正有什麼樣的「感受」在困擾著你，然後給個評分（一到十，數字愈大表示這個感受愈強烈）。接著想想，現在能做什麼「與這個感受相反」的事，接著就去實行。做完後，再度為剛剛的感受重新評分。到這個時候，感受的強度應該已降低了。詳細資訊請參考第二章的「相反行動」練習。

練習：強化正面情緒

時間：十分鐘

效用：提升正面感受，轉換當下心情，讓自己能重整情緒並且避免做出自毀行動。

解說：用一到十分幫當下心情打分數（十分表示心情滿分）。挑選個活動（翻到後面附錄三有參考構想）去做，接著重新評分。這時心情應該有改善。

練習：真正跟朋友講電話

時間：十分鐘

效用：把負面想法攤開來看，迎接全新的觀點去修正、挑戰舊的思維。

解說：拿起電話，打給信任的親友，將你在心裡的想法、引發這個想法的情境或事件都告訴他們。問問他們：你的想法是否準確符合現實，請他們試著指出你是否遺漏了什麼。旁觀者的觀點可以讓你知道你的想法哪些合理，哪些只不過是自毀觸發因子在作祟。這麼一來，你就能換個視角來看待根植在心中、對達成目標無益的負面想法。詳細資訊請參考第二章末尾的「小撇步：跟朋友講電話」練習。

練習：寫出個人ABC排序（前因─行為─後果）

時間：十分鐘

效用：快速找出現有ABC流程的缺失，想辦法來打破這個無效的序列。

解說：找出一項導致自毀的不良行為，接著在日誌上寫下前因A、行為B、後果C，以便清楚看出整連串事件。然後找出至少一種改變舊的ABC的方法，然後在日誌上出新的ABC序列。有時前因無法改變，就可以嘗試換新的行為，來帶出不同的後果。詳細資訊請參考第三章末尾的「小撇步：寫出個人ABC」練習。

練習：快速視覺化與「若A則B」

時間：十分鐘

效用：即將做出自毀行為、導致自己偏離目標之際，中斷這個自毀循環。

解說：想著一個目標。接下來想像這個願望實現了，盡量具體而生動地想像，體驗達成目標的感受。

然後轉換場景。花點時間想像，是什麼阻礙使得你無法實現心願。盡量具體想像這個阻礙的各個面向。

再來，拿出紙筆，針對至少一個障礙，寫出如何處理它的具體執行意圖，亦即一個「若A則B」陳述句。詳細資訊請參考第四章的「寫下個人若A則B」陳述句練習。

練習：隨時提醒自己的價值觀是什麼

時間：十分鐘

效用：天天提醒自己的價值觀，強化我們依循價值觀而生活的動力。

解說：審視一下自己當前排名前十一大的價值觀，為最前面的三項各自想出一個感官知覺提醒物（例如視覺、嗅覺、聽覺等）。然後在當天經常接觸這些提醒物，或是放在身旁如書桌上或筆記本內。詳細資訊請參考第五章末尾的「小撇步：隨時提醒自己的價值觀是什麼」。

附錄三：可以解除壓力的活動

1 聽首自己的愛歌
2 曬曬太陽
3 讀一篇雜誌或網路文章
4 塗鴉、畫圖或彩繪
5 做幾個瑜珈動作
6 做開合跳或原地跑步
7 唱歌
8 插花或做園藝
9 從事手做工藝品
10 寫首詩
11 栽培植物
12 抱抱寵物或抱枕
13 喝杯咖啡或茶
14 製作待辦清單
15 做家務
16 清理好家中的一區
17 看照片
18 隨著音樂跳舞
19 深呼吸
20 冥想
21 解謎或是做益智遊戲
22 做猜字遊戲

23拼拼圖
24玩接龍
25做點打扮
26聞聞香氛蠟燭或精油
27告訴某人「我愛你」
28寫封信給想關心的人
29擁抱他人
30沖個澡
31躺在沙發上
32噴古龍水或香水
33找個食譜來試試
34上網查度假計劃
35逛逛賣場（線上也行）
36散步
37閱讀笑話
38傳訊息給想關心的對象
39玩一下手機遊戲
40玩一下紓壓球
41線上小額捐款
42欣賞藝術品（照片也算）
43剪指甲
44深呼吸十次
45換上乾淨的床單
46塗抹身體乳液
47洗頭
48幫自己按摩
49微笑（就算沒那個心情）[1]
50為自己關心的對象，做點事讓他開心

附錄四：提升動機操作評估表

前因	後果的酬賞程度增加（建立型操作項，EO）	後果的酬賞程度減低（消除型操作項，AO）
環境／事件／地點		
人（在場／不在場，他們做的事情）		
生活作息（睡眠、運動、飲食）		
感官刺激（氣味、景象、聲音、觸感、口味）		
感受（情緒、生理反應和感官感知）		

<table>
<tr><td></td><td></td><td></td></tr>
<tr><td colspan="3">想法（含自毀觸發因子）</td></tr>
<tr><td></td><td></td><td></td></tr>
<tr><td colspan="3">時段</td></tr>
<tr><td></td><td></td><td></td></tr>
<tr><td colspan="3">客觀／可觀測的事件（像跟另一伴吵架、在工作上遭訓斥、被驅離住處）</td></tr>
<tr><td></td><td></td><td></td></tr>
</table>

附錄五：價值小卡

重要性最高（這裡放置十一張卡片）

重要性一般（這裡放置十一張卡片）

重要性最低（這裡放置十一張卡片）

接納 Acceptance 用包容心來接納自己、他人，以及人生遭遇到的事。	**冒險 Adventure** 主動尋求、創造或探索新鮮的體驗。
美感 Aesthetics 欣賞、創造、培養、享受藝術。	**直言 Assertiveness** 勇敢挺身捍衛權利，用積極且尊重的態度提出要求。
真實 Authenticity 面對外在壓力時，仍依照自己的信念、欲求來行動	**關懷 Caring** 對自己、他人和環境付出關心。
挑戰 Challenge 願意承擔艱難的任務和問題，鼓勵自己成長、學習和精進。	**群體 Community** 加入社會或公民團體，並參與超越個人之上的組織。
貢獻 Contribution 出力幫忙、協助或創造對自己與他人持久的正向改變。	**勇氣 Courage** 面對恐懼、威脅或困難時，能夠勇敢和堅持。
好奇 Curiosity 抱持開放態度，有興致發現和學習新事物。	**勤奮 Diligence** 對自己所做的事，能貫徹到底，盡心盡力。
忠貞 Faithfullness 忠誠對人，忠誠對神。	**健康 Health** 維持或改善自己的體適能和身心狀態。
誠實 Honesty 對他人真實誠懇，且在一切行動中保持正直。	**幽默 Humor** 能看見和欣賞生活中的有趣事物。

謙卑 Humility 謙虛、謙和、不擺架子。	**獨立 Independence** 自主、自力更生，且能夠選擇貫徹自己的作風。
親暱 Intimacy 能打開心胸，展現感情，分享情感。	**正義 Justice** 推崇要公平、公正對待所有人。
知識 Knowledge 學習、使用、分享和貢獻出有價值的資訊。	**休閒 Leisure** 願意花時間來追求和享受生活的各個面向。
熟巧 Mastery 在平日活動和所追求的事物上，具備高超的能力。	**秩序 Order** 過有規劃、有組織的生活。
堅毅 Persistence 遇到困難和考驗時，仍抱持決心持續下去。	**權柄 Power** 能強力影響他人或事務，或能施展權限。
尊重 Respect 對人有禮且體貼，能容下與自己意見相左的人。	**自控 Sefl-Control** 能控管自己的行為來獲得更大的益處。
自尊 Self-Esteem 對自己的身分認同感受良好，且相信自我價值。	**靈性 Spirituality** 能連結到超越自身的事務，並在屬靈方面有更深的體悟和修行。
信任 Trust 忠貞、真誠且可靠。	**德行 Virtue** 過著道德上純潔、值得尊敬的生活。
財富 Welath 累積、擁有富足的貲財。	

註釋

序

1. P. A. Mueller and D. M. Oppenheimer, "The pen is mightier than the keyboard: Advantages of longhand over laptop note taking," Psychological Science 25 (2014): 1159–68.

前言

1. O. Arias-Carrión and E. Pöppel, "Dopamine, learning and reward-seeking behavior," Acta Neurobiolgiae Experimentalis 67 (2007): 481–88.
2. N. M. White, "Reward: What Is It? How Can It be Inferred from Behavior?" in Neurobiology of Sensation and Reward, ed. J. A. Gottfried, (Boca Raton, FL: CRC Press), 45–60.
3. M. A. Penzo, et al, "The paraventricular thalamus controls a central amygdala fear circuit," Nature 519 (2015): 455–59.
4. J. B. Watson and R. Rayner, "Conditioned emotional reaction," Journal of Experimental Psychology 3 (1920): 1–14.
5. S. M. Drexler, C. J. Merz, T. C. Hamacher-Dang, M. Tegenthoff, and O. T. Wolf, "Effects of Cortisol on Reconsolidation of Reactivated Fear Memories," Neuropsychopharmacology 40 (2015): 3036–43.
6. Lewin, K. (1935). A Dynamic Theory of Personality. New York: McGraw-Hill.
7. R. Harris, The Happiness Trap: How to stop struggling and start living (Boston, MA: Trumpeter Books, 2008).
8. R. F. Baumeister, ed., The Self in Social Psychology (Philadelphia: Psychology Press/Taylor & Francis, 1999).
9. C. Rogers, "A theory of therapy, personality and interpersonal relationships as developed in the client-centered framework,"in Psychology: A Study of a Science, Vol. 3: Formulations of the Person and the Social Context, ed. S. Koch (New York: McGraw-Hill).
10. A. Bandura, Social Foundations of Thought and Action: A Social Cognitive Theory (Englewood Cliffs, NJ: Prentice Hall, 1986).
11. D. Eilam, R. Izhar, and J. Mort, "Threat detection: Behavioral practices in animals and humans," Neuroscience & Biobehavioral Reviews 35 (2011): 999–1006.
12. S. T. Fisk and E. Shelley, Social Cognition, 2nd ed. (New York: McGraw-Hill, 1984).
13. L. A. Leotti, S. I. Iyengar, & K. N. Ochsner (2014). Born to Choose: The Origins and Value of the Need for Control. Trends in Cognitive Science, 14, 457-463.
14. Doran, G. "There's a S.M.A.R.T. way to write management's goals and objectives," Management Review 70 (1981): 35–36.
15. D. Sridharan, D. J. Levitin, J. Berger, and V. Menon, "Neural dynamics of event segmentation in music: Converging evidence for dissociable ventral and dorsal networks," Neuron 55: 521–32.
16. D. Levitin, This Is Your Brain on Music: The Science of a Human Obsession (New York: Dutton, 2006).
17. B. A. Daveson, "Empowerment: An intrinsic process and consequence of music therapy practice," Australian Journal of Music Therapy 12 (2001): 29–38.
18. T. G. Stampfl and D. J. Levis, "Essentials of Implosive Therapy: A learning- theory-based psychodynamic behavioral therapy," Journal of Abnormal Psychology 72 (1967): 496–503.
19. J. S. Abramowitz, B. J. Deacon, and S. P. H. Whiteside, Exposure Therapy for Anxiety: Principles and Practice (New York: Guilford Press, 2010).

第一章

1. B. Haider, M. R. Krause, A. Duque, Y. Yu, J. Touryan, J. A. Mazer, and D. A. McCormick, "Synaptic and Network Mechanisms of Sparse and Reliable Visual Cortical Activity during Nonclassical Receptive Field Stimulation," Neuron 65 (2010): 107–121.
2. Drake Baer, "The scientific reason why Barack Obama and Mark Zuckerberg wear the same outfit every day," Business Insider, April 28, 2015, http://www.businessinsider.com/barack-obama-mark-zuckerberg-wear-the-same- outfit-2015-4.
3. Roy F. Baumeister, "The Psychology of Irrationality," in The Psychology of Economic Decisions: Rationality and Well-Being, I. Brocas and J. D. Carrillo (New Yor: Oxford University Press, 2003).
4. L. Festinger, A Theory of Cognitive Dissonance (Palo Alto, CA: Stanford University Press, 1957).
5. D. O. Case, J. F. Andrews, J. D. Johnson, and S. L. Allard, "Avoiding versus seeking: the relationship of information seeking to avoidance, blunting, coping, dissonance, and related concepts,"Journal of the Medical Library Association 93 (2005), 353–62.
6. A. J. Elliot and P. G. Devine, "On the motivational nature of cognitive dissonance: Dissonance as psychological discomfort," Journal of Personality and Social Psychology 67 (1994): 382–94.
7. Impostor syndrome is a psychological phenomenon coined by clinical psychologists Pauline Clance and Suzanne Imes, in which individuals doubt their accomplishments and have a persistent, usually unspoken fear of being exposed as a "fraud."
8. B. Major, M. Testa, and W. H. Blysma, "Responses to upward and downward social comparisons: The impact of esteem-relevance and perceived control," in Social Comparison: Contemporary Theory and Research, ed. J. Suls and T. A. Wills (Philadelphia: Psychology Press/Taylor & Francis, 1991): 237–60).

第二章

1. A. T. Beck, Cognitive Therapy and the Emotional

Disorders (New York: International Universities Press, 1976).
2. J. B. Persons, D. D. Burns, and J. M. Perloff, "Predictors of dropout and outcome in private practice patients treated with cognitive therapy for depression," Cognitive Therapy and Research 12 (1988): 557–75.
3. C. Macdougall and F. Baum, "The Devil's Advocate: A strategy to avoid groupthink and stimulate discussion in focus groups," Qualitative Health Research 4 (1997): 532–41.
4. S. C. Hayes, K. D. Strosahl, and K. G. Wilson, Acceptance and Commitment Therapy: An Experiential Approach to Behavior Change (New York: Guilford Press, 1997).
5. S. C. Hayes and K. D. Strohsahl, A Practical Guide to Acceptance and Commitment Therapy (New York: Springer-Verlag, 2005).
6. Please see this definition described at https://www.verywellmind.com/ theories-of-emotion-2795717.
7. A. Becbara, H. Damasio, and A. R. Damasio, "Emotion, Decision Making, and the Orbitofrontal Cortex," Cerebral Cortex 10: 295–307.
8. R. J. Dolan, "Emotion, Cognition, and Behavior," Science 298: 1191–94.
9. Steven J. C. Gaulin and Donald H. McBurney, Evolutionary Psychology (Upper Saddle River, NJ: Prentice Hall, 2003).
10. A. H. Maslow, "A theory of human motivation," Psychological Review 50 (1943): 370–96.
11. C. E. Izard, The Face of Emotion (New York: Appleton-Century-Crofts, 1971).
12. D. H. Barlow, L. B. Allen, and M. L. Choate, "Toward a unified treatment for emotional disorders," Behavior Therapy 5 (2004): 205–230.
13. A. T. Beck, A. J. Rush, B. F. Shaw, and G. Emery, Cognitive Therapy of Depression (New York: Guilford Press, 1979).
14. M. M.Linehan, Cognitive-Behavioral Treatment of Borderline Personality Disorder (New York: Guilford Press, 1993).
15. R. L. Leahy, D. Tirch, and L. A. Napolitano, Emotion Regulation in Psychotherapy: A Practitioner's Guide (New York: Guilford Press, 2011).
16. M. M. Linehan, Skills Training Manual for Treating Borderline Personality Disorder (New York: Guilford Press, 1993).
17. H. G. Roozen, H. Wiersema, M. Strietman, J. A. Feiji, P. M. Lewinsohn, R. J. Meyers, M. Koks, and J. J. Vingerhoets, "Development and psychometric evaluation of the pleasant activities list," American Journal of Addiction 17 (2008): 422–35.

第三章

1. D. M. Baer, M. M. Wolf, and T. R. Risley, "Some current dimensions of applied behavior analysis," Journal of Applied Behavior Analysis 1 (1968): 91–97.
2. B. F. Skinner, "Are theories of learning necessary?" Psychological Review 57 (1950): 193–216.
3. R. G. Miltenberger, Behavior Modification: Principles and Procedures, 5th ed. (Belmont, CA: Wadsworth, 2012).
4. A. C. Catania, Learning, 3rd ed. (Englewood Cliffs, NJ: Prentice Hall, 1992).
5. J. M. Johnson and H. S. Pennypacker, Strategies and Tactics of Human Behavioral Research (Mahwah, NJ: Erlbaum, 1981).
6. R. G. Miltenberger, Behavior Modification: Principles and Procedures, 5th ed. (Belmont, CA: Wadsworth, 2012).
7. Ibid.
8. Ibid.
9. Ibid.
10. B. F. Skinner, The Behavior of Organisms: An Experimental Analysis (New York: Appleton-Century, 1938).
11. F. S. Keller and W. N. Schoenfeld, Principles of Psychology (New York: Appleton-Century-Crofts, 1950).
12. D. M. Tice and E. Bratslavsky, "Giving in to feel good: The place of emotion regulation in the context of general self-control," Psychological Inquiry 11 (2000): 149–159.
13. R. G. Miltenberger, Behavior Modification: Principles and Procedures, 5th ed. (Belmont, CA: Wadsworth, 2012).
14. B. F. Skinner, The Behavior of Organisms (New York: Appleton-Century- Crofts, 1938).
15. J. K. Luiselli, "Intervention conceptualization and formulation," in Antecedent Control: Innovative Approaches to Behavioral Support, ed. J. K. Luiselli and M. J. Cameron (Baltimore: Brookes Publishing, 1998): 29–44.
16. R. G. Miltenberger, "Methods for assessing antecedent influences on challenging behaviors," in Antecedent Control: Innovative Approaches to Behavioral Support, ed. J. K. Luiselli and M. J. Cameron (Baltimore: Brookes Publishing, 1998).
17. F. S. Keller and W. N. Schoenfeld, Principles of Psychology (New York: Appleton-Century-Crofts, 1950).
18. Henry H. Yin, Sean B. Ostlund, and Bernard W. Balleine, "Reward-guided learning beyond dopamine in the nucleus accumbens: the integrative functions of cortico-basal ganglia networks," European Journal of Neuroscience 28 (2008): 1437–48.
19. S. Killcross, T. W. Robbins, and B. J. Everitt, "Different types of fear- conditioned behaviour mediated by separate nuclei within amygdala," Nature 388 (1997): 377–80.

第四章

1. P. M. Gollwitzer, "Implementation intentions: Strong effects of simple plans," American Psychologist 54 (1999): 493–503.
2. B. F. Malle and J. Knobe, "The distinction between desire and intention: A folk-conceptual analysis," in Intentions and Intentionality: Foundations of Social Cognition, ed. B. F. Malle, L. J. Moses, and D. A. Baldwin (Cambridge, MA: The MIT Press, 2001).
3. A. Bandura, "Social cognitive theory of self-regulation," Organizational Behavior and Human Decision Processes 50: 248–87.
4. R. F. Baumeister, E. Bratslavsky, M. Muraven, and D. M. Tice, "Ego depletion: Is the active self a

limited resource?" Journal of Personality and Social Psychology 74 (1998): 1252–65.
5. A. L. Duckworth and M. E. P. Seligman, "Self-discipline outdoes IQ in predicting academic performance of adolescents," Psychological Science 16 (2005): 939–44.
6. W. Mischel, Y. Shoda, and P. K. Peake, "The nature of adolescent competencies predicted by preschool delay of gratification," Journal of Personality and Social Psychology 54 (1988): 687–96.
7. R. N. Wolfe and S. D. Johnson, "Personality as a predictor of college performance," Educational and Psychological Measurement 55 (1995): 177–85.
8. J. P. Tangney, R. F. Baumeister, A. L. Boone, "High self-control predicts good adjustment, less pathology, better grades, and interpersonal success," Journal of Personality 72 (2004) 271–322.
9. http://professoralbertbandura.com/albert-bandura-self-regulation.html
10. R. F. Baumeister and K. D. Vohs, "Self-regulation, ego depletion, and motivation," Social and Personality Psychology Compass 10, 115–28.
11. Ibid.
12. R. Baumeister, B. Schmeichel, and K. Vohs, "Self-Regulation and the Executive Function: The Self as Controlling Agent," Social Psychology: Handbook of Basic Principles (New York: Guilford Press, 2007), 516–39.
13. C. C. Pinder, Work Motivation in Organizational Behavior (Upper Saddle River, NJ: Prentice Hall, 1998).
14. L. Parks and P. G. Russell, "Personality, values, and motivation," Personality and Individual Differences 47 (2009): 675–84.
15. http://www.apa.org/news/press/releases/stress/2011/final-2011.pdf.
16. V. Job, C. S. Dweck, and G. M. Walton, "Ego depletion — Is it all in your head? Implicit theories about willpower affect self-regulation," Psychological Science 21 (2010): 1686–93.
17. Baumeister, et al., "The strength model of self-control," Current Directions in Psychological Science 16 (2007): 351–55.
18. M. Inzlicht and J. Gutsell, "Running on empty: Neural signals for self- control failure," Psychological Science 18, no. 11 (2007): 933–37.
19. M. Gailliot, R. F. Baumeister, C. N. DeWall, J. K. Maner, E. A. Plant,D. M. Tive, B. J. Schmeichel, "Self-control relies on glucose as a limited energy source: Willpower is more than a metaphor," Journal of Personality and Social Psychology 92 (2007): 325–36.
20. G. Oettigen and P. M. Gollwitzer, "Strategies of setting and implementing goals: Mental contrasting and implementation intentions," Social Psychological Foundations of Clinical Psychology (2010): 114–35.
21. G. Oettingen and P. M. Gollwitzer, "Goal setting and goal striving," in Blackwell Handbook in Social Psychology: Vol. 1. Intraindividual Processes, ed. A. Tesser, N. Schwarz, series ed. M. Hewstone and M. Brewer (Oxford, UK: Basil Blackwell, 2001): 329–47.
22. H. Heckhausen and P. M. Gollwitzer, "Thought contents and cognitive functioning in motivational v. volitional states of mind," Motivation and Emotion 11 (1987): 101–20.
23. E. Klinger, Daydreaming: Using Waking Fantasy and Imagery for Self-Knowledge and Creativity (Los Angeles, CA: Tarcher, 1990).
24. G. Oettigen and P. M. Gollwitzer, "Strategies of setting and implementing goals: Mental contrasting and implementation intentions," Social Psychological Foundations of Clinical Psychology (2010): 114–35.
25. G. Oettingen, G. Honig, and P. M. Gollwitzer, "Effective self-regulation of goal attainment," International Journal of Educational Research 33 (2000): 705–32.
26. Gabriele Oettingen, "The Problem With Positive Thinking," The New York Times, October 24, 2014, https://www.nytimes.com/2014/10/26/opinion/sunday/the-problem-with-positive-thinking.html.
27. A. Lavender and E. Watkins, "Ruminations and future thinking in depression," British Journal of Clinical Psychology 43 (2010) 129–42.
28. A. Kappes and G. Oettingen, "The emergence of goal commitment: Mental contrasting connects future and reality," Journal of Experimental Social Psychology 54 (2014): 25–39.
29. J. M. Olson, N. J. Roese, M. P. Zanna, "Expectancies," in Social Psychology: Handbook of Basic Principles, ed. E. T. Higgins and A. W. Kruglanski (New York: Guilford Press, 1996): 211–38.
30. G. H. E. Gendolla and R. A. Wright, "Motivation in social setting studies of effort-related cardiovascular arousal," in Social Motivation: Conscious and Unconscious Processes, ed. J. P. Forgas, K. D. Williams, and S. M. Laham (New York: Cambridge University Press, 2005): 71–90.
31. G. Oettingen, D. Mayer, A. T. Sevincer, E. J. Stephens, H. Pak, and M. Hagenah, "Mental Contrasting and Goal Commitment: The Mediating Role of Energization," Personality and Social Psychology Bulletin 35 (2009): 608–22.
32. S. Orbell and P. Sheeran, "Inclined abstainers: A problem for predicting health-related behavior," British Journal of Social Psychology 37 (1998): 151–65.
33. P. M. Gollwitzer, "Goal achievement: The role of intentions," in European Review of Social Psychology, Volume 4, ed. W. Stroebe and M. Hewstone (Chichester, England: Wiley, 1993): 141–85.
34. Ibid.
35. G. Oettigen and P. M. Gollwitzer, "Strategies of setting and implementing goals: Mental contrasting and implementation intentions," Social Psychological Foundations of Clinical Psychology (2010): 114–35.
36. E. J. Parks-Stamm, P. M. Gollwitzer, and G. Oettingen, "Action control by implementation intentions: Effective cue detection and efficient response initiation," Social Cognition 25 (2007): 248–66.
37. T. L. Webb and P. Sheeran, "How do implementation intentions promote goal attainment? A test of component processes," Journal of Experimental Social Psychology 43 (2007): 295–302.
38. G. Oettigen and P. M. Gollwitzer, "Strategies of setting and implementing goals: Mental contrasting and implementation intentions," Social Psychological Foundations of Clinical Psychology (2010): 114–35.
39. E. A. Locke, E. Frederick, C. Lee, and P. Bobko,

"Effect of self-efficacy, goals, and task strategies on task performance," Journal of Applied Psychology 69 (1984): 241–51.
40. P. A. Mueller and D. M. Oppenheimer, "The Pen Is Mightier Than the Keyboard: Advantages of Longhand Over Laptop Note Taking," Psychological Science 25 (2014): 1159–68.
41. S. T. Iqbal and E. Horvitz, "Disruption and recovery of computing tasks: Field study, analysis, and directions," in Proceedings of the SIGCHI Conference on Human Factors in Computing Systems (New York: Association for Computing Machinery, 2007): 677–86.
42. P. M. Gollwitzer and V. Brandstätter, "Implementation intentions and effective goal pursuit," Journal of Personality and Social Psychology 73 (1997): 186–99.
43. G. Oettingen, G. Hönig, and P. M. Gollwitzer, "Effective self-regulation of goal attainment," International Journal of Educational Research 33 (2000): 705–32.
44. S. Orbell, S. Hodgkins, and P. Sheeran, "Implementation intentions and the theory of planned behavior," Personality and Social Psychology Bulletin 23 (1997): 945–54.
45. P. Sheeran and S. Orbell, "Implementation intentions and repeated behavior: Augmenting the predictive validity of the theory of planned behavior," European Journal of Social Psychology 29 (1999): 349–69.
46. R. W. Holland, H. Aarts, and D. Langendam, "Breaking and creating habits on the working floor: A field experiment on the power of implementation intentions," Journal of Experimental Social Psychology 42 (2006): 776–83.
47. P. M. Gollwitzer and B. Schaal, "Metacognition in action: The importance of implementation intentions," Personality and Social Psychology Review 2 (1998): 124–36.
48. A. Achtziger, P. M. Gollwitzer, and P. Sheeran, "Implementation intentions and shielding goal striving from unwanted thoughts and feelings," Personality and Social Psychology Bulletin 34 (2008): 381–93.
49. M. D. Henderson, P. M. Gollwitzer, and G. Oettingen, "Implementation intentions and disengagement from a failing course of action," Journal of Behavioral Decision Making 20 (2007): 81–102.
50. P. M. Gollwitzer and U. C. Bayer, "Becoming a better person without changing the self," paper presented at the annual meeting of the Society of Experimental Social Psychology, Atlanta, Georgia, October 2000.
51. T. L. Webb and P. Sheeran, "Can implementation intentions help to overcome ego-depletion?" Journal of Experimental Social Psychology 39 (2003): 279–86.

第五章

1. Karen Naumann, "Feeling Stuck? 5 Reasons Why Values Matter," The Huffington Post, February 2, 2017, https://www.huffingtonpost.com/karen-naumann/feeling-stuck-5-reasons-why-values-matter_b_9075222.html.
2. L. Parks and Russell P. Guay, "Personality, values, and motivation," Personality and Individual Differences 47 (2009): 675–84.
3. C. Martijn, P. Tenbult, H. Merckelbach, E. Dreezens, and N.K. de Vries, "Getting a grip on ourselves: Challenging expectancies about loss of energy after self-control," Social Cognition 20 (2002): 441–60.
4. M. E. P. Seligman and M. Csikszentmihalyi, "Positive psychology: An introduction," American Psychologist 55: 5–14.
5. E. Diener and R. E. Lucas, "Personality and subjective well-being," in Well- Being: The Foundations of Hedonic Psychology, ed. D. Kahneman, E. Diener, and N. Schwarz (New York: Russell Sage Foundation, 1999): 213–29.
6. S. C. Hayes, K. Strosahl, and K. G. Wilson, Acceptance and Commitment Therapy: An Experiential Approach to Behavior Change (New York: Guilford Press, 1999).
7. A. S. Waterman, "Two conceptions of happiness: contrasts of personal expressiveness (eudaimonia) and hedonic enjoyment," Journal of Social and Personality Psychology 64 (1993): 678–91.
8. C. D. Ryff, "Psychological well-being in adult life," Current Directions in Psychological Science 4 (1995): 99–104.
9. D. A. Vella-Brodrick, N. Park, and C. Peterson, "Three Ways to Be Happy: Pleasure, Engagement, and Meaning—Findings from Australian and U. S. Samples," Social Indicators Research 90 (2009): 165–79.10. A. H. Maslow, "A theory of human motivation," Psychological Review 50 (1943): 370–96.
11. A. H. Maslow, Religions, Values, and Peak Experiences (London, England: Penguin Books Limited, 1964).
12. A. H. Maslow, Toward a Psychology of Being (Princeton, NJ: Van Nostrand- Reinhold, 1962).
13. Abraham Maslow, Toward a Psychology of Being (New York: Van Nostrand- Reinhold, 1968).
14. G. L. Privette, "Defining Moments of Self-Actualization: Peak Performance and Peak Experience," in The Handbook of Humanistic Psychology: Leading Edges in Theory, Research, and Practice, K. J. Schneider, J. F. T. Bugental, and J. F. Pierson (Thousand Oaks, CA: Sage Publications, Inc., 2001).
15. W. R. Miller, J. C'de Baca, D. B. Matthews, and P. L. Wilbourne, Personal Values Card Sort.
16. https://www.guilford.com/add/miller2/values.pdf?t
17. W. R. Miller and S. Rollnick, Motivational Interviewing, Helping People Change, 3rd ed. (New York: Guilford Press, 2012).
18. W. R. Miller and S. Rollnick, "Motivational Interviewing: Preparing People to Change Addictive Behavior" (New York: Guilford Press, 1991).
19. http://thehappinesstrap.com/wp-content/uploads/2017/06/complete_ worksheets_for_The_Confidence_Gap.pdf
20. R. Harris, The Happiness Trap: How to Stop Struggling and Start Living: A Guide to ACT (Boston, MA: Trumpeter Books, 2008).

附錄三

1. Selected from https://www.robertjmeyersphd.com/download/Pleasant%20 Activities%20List%20(PAL).pdf

為什麼我們老是搞砸想做的事

如何繞過心理阻礙，獲得真正想要的人生

STOP SELF-SABOTAGE

Six Steps to Unlock Your True Motivation, Harness Your Willpower, and Get Out of Your Own Way

作　　者　何可晴博士 Judy Ho, PhD
譯　　者　陳依萍
行銷企畫　劉妍伶
責任編輯　陳希林
封面設計　周家瑤
內文構成　陳佩娟

發 行 人　王榮文
出版發行　遠流出版事業股份有限公司
地　　址　104005臺北市中山區中山北路1段11號13樓
客服電話　02-2571-0297
傳　　真　02-2571-0197
郵　　撥　0189456-1
著作權顧問　蕭雄淋律師

2022年12月01日 初版一刷
定價 平裝新台幣380元（如有缺頁或破損，請寄回更換）

ISBN　978-957-32-9813-7
遠流博識網　http://www.ylib.com • E-mail: ylib@ylib.com

圖書館出版品預行編目(CIP)資料

為什麼我們老是搞砸想做的事 如何繞過心理阻礙，獲得真正想要的人生
/ 何可晴(Judy Ho)著；陳依萍譯.
-- 初版. -- 臺北市：遠流出版事業股份有限公司, 2022.11
面； 公分

譯自：Stop self-sabotage : six steps to unlock your true motivation, harness your willpower, and get out of your own way.

ISBN：978-957-32-9813-7 (平裝)

1.CST: 自我實現 2.CST: 生活指導 3.CST: 成功法

177.2　　111015873